智能图书馆：
管理与阅读服务

姚丽琴 ◎ 著

吉林出版集团股份有限公司

图书在版编目（CIP）数据

智能图书馆：管理与阅读服务 / 姚丽琴著. — 长春 : 吉林出版集团股份有限公司，2024.4

ISBN 978-7-5731-4846-9

Ⅰ．①智… Ⅱ．①姚… Ⅲ．①数字图书馆—图书馆管理—研究 Ⅳ．①G250.76

中国国家版本馆CIP数据核字（2024）第081656号

智能图书馆 ： 管理与阅读服务

ZHINENG TUSHUGUAN : GUANLI YU YUEDU FUWU

著　　者	姚丽琴
责任编辑	曲珊珊
封面设计	林　吉
开　　本	787mm×1092mm　　1/16
字　　数	210千
印　　张	13.5
版　　次	2024年4月第1版
印　　次	2024年4月第1次印刷
出版发行	吉林出版集团股份有限公司
电　　话	总编办：010-63109269
	发行部：010-63109269
印　　刷	廊坊市广阳区九洲印刷厂

ISBN 978-7-5731-4846-9　　　　　　　　　　　定价：78.00元

前　言

　　当前，我国图书馆事业正处在一个快速发展的时期，为了紧跟时代步伐，许多高校和省、市级图书馆不仅在兴建新的图书馆，而且在资源建设方面也加大了资金的投入，不断引进先进的自动化设备和软件系统，不断提升服务和管理水平，以满足读者日益增长的阅读需求。

　　智能化图书馆多采用现代计算机通信技术、信息技术，对图书馆的各种设备和信息资源进行自动控制和管理，为读者提供快速、高效的信息查找服务通道。智能化图书馆要求建筑设计应充分利用自然条件，采用绿色环保和节能降耗设计，有效合理安排空间，体现智能化图书馆的现代特点。为便于学术交流，应有较多的报告厅，并为未来的发展奠定基础。加强温湿度调节、照明取暖、监控保卫、通风消防等设施的建设，采用安全先进的全覆盖、多点式的中央控制系统。同时，因现代图书馆各种信息资源建设的需要，综合布线系统有着更为严格的标准要求，并要为将来智能化的进一步发展预留一定的空间和位置，以满足飞速发展的时代要求。

　　本书聚焦智能图书馆的管理与阅读服务两方面，以期为图书馆服务的未来发展提供新的视角和解决方案。

　　本书在撰写过程中，参考了部分专家、学者的一些研究成果和著述内容，笔者在此表示衷心的感谢。由于笔者的水平有限，书中难免会有缺点和错误，敬请广大读者批评指正！

姚丽琴

2024 年 1 月

目 录

第一章 图书馆学概述

本章我们将论述图书馆学的若干基本问题，包括图书馆学的研究对象、内容体系、学科性质与学科特点、相关学科、方法论发展趋势等。

第一节 图书馆学的研究对象

按照本质主义的立场，每一门科学都有其独特的研究对象，学科之间的区别取决于研究对象的不同。人们对大部分自然科学学科的研究对象，大都有一个比较明确、一致的认识和认同，但人们对许多人文社会科学学科的研究对象的认识和表述却往往出现分歧或不一致。至今，人们对图书馆学研究对象的认识和表述，仍处于百家争鸣的状态。

图书馆界内和图书馆界外的人们都毫不迟疑地断言：图书馆学的研究对象是图书馆工作。这似乎是不言自明的。然而，事实上，从图书馆学诞生之日起，图书馆学的研究对象就成为人们长期争论的一个问题。仅 20 世纪 80 年代中期以前就有 50 余种关于图书馆学研究对象的表述。这表明，图书馆学的研究对象并非不证自明和一成不变的。究其原因，主要有两方面：一是图书馆学所研究的主要对象——图书馆现象本身处在不断的变化之中，在人类文明发展的不同阶段，图书馆表现为不同的形态，在信息时代它又将呈现与以前完全不同的形态，图书馆的发展无止境，人们对它的认识也是发展变化着的。二是由于图书馆现象的复杂性，研究者因个人所站的角度、所用的方法不同，所观察对象的范围有差异，也会造成结论的差异。

可见，图书馆学的研究对象问题，是图书馆学最复杂也最根本的元问题，是图书馆学认识和研究的起点，它规定着图书馆学的研究范畴，规定着图书馆学的科学性质，是贯穿图书馆学研究历程的重要内容。可以说，对图书馆学研究对象认识研究的每一次进展，都带来了图书馆学整体的飞跃性发展，并因而促进了图书馆学学科体系的不断更新与完善。

一、图书馆学研究的角度与方法

纵观中外图书馆学的研究历史，我们可以看到，人们对图书馆学研究对象的认识发生了以下方面的变化：

第一，由对个体图书馆的研究，发展到对群体图书馆的研究，即对图书馆事业的研究。

第二，由只研究图书馆本身，发展到研究与图书馆有关的知识、信息及其组织等问题。

第三，由孤立地去研究图书馆及其各个组成部分，发展到用整体的、联系的观点，从社会的、文化的、心理的、经济的、科学的观点去研究图书馆与社会、图书馆与文化、图书馆与人类信息交流的关系。

第四，由静止地看待图书馆，发展为将图书馆看成是一个"不断发展着的有机体"。

第五，由单纯地研究图书馆学的对象问题，发展到找寻图书馆学的理论基础。

第六，从近期图书馆学发展来看，信息技术对于图书馆发展与进步的决定作用越来越大，由于数字时代图书馆实践的影响，技术因素广泛渗透并带动图书馆事业的全面变革，图书馆学从术语到学术规范都发生了变化，图书馆学研究也更加务实，同时也更加求新、求变。考察图书馆学的研究主题，可以发现，在几乎所有的理论和实践专题方面，都产生了新的理论、新的理念、新的概念、新的阐释、新的方法、新的技术。可以预计，今后，图书馆学的变革将主要取决于信息技术的进展。

这些变化反映出人们对图书馆学研究对象认识的不断变化。

二、图书馆学研究对象的认识过程

在图书馆学发展的 200 年历史之中，中外各国有关图书馆学研究对象的表述有数百种。综观人们对图书馆学研究对象的认识过程，我们可以概括出四个发展阶段：表象的具体认识阶段、整体的抽象认识阶段、本质规律的认识阶段和深入的整合认识阶段。每一个发展阶段又有不同的代表性论说。

（一）表象的具体认识阶段

图书馆职业是世界上最古老的行业之一，每一个伟大的民族都有自己的藏书事业及悠久的藏书活动史。图书馆学正是在以往人们丰富的藏书实践活动中逐步发展成熟的。1922 年，蔡元培曾说："一种事业发达到一定的程度，便会产生一种系统的理论。有了系统的理论，那种事业的发达，才有迅速的进步。这是各种事业的通例，图书馆也就不在例外。"①1931年，英国克罗伊登公共图书馆馆长、伦教大学图书馆学院讲师贝里克·塞耶斯（Berwick Sayers）也认为，"只有从长期积累的工作经验中，才能渐渐地推演出一种理论，并加以表述"②。

"图书馆学"一词是由德国图书馆学家施雷廷格（Martin W. Schretting, 1772—1851）于1807年最早提出来的。从那时起到20世纪20年代，图书馆学研究者对图书馆学研究对象的认识大都局限于图书馆的某一方面、某一层次或某几个浅显的要点上，局限于可以感觉到的具体的图书馆工作方面，这个阶段我们称为表象的具体认识阶段。该阶段具有代表性的观点是"整理说""技术说""管理说"。

1. 整理说

"整理说"的代表人物是施雷廷格。他在1808年出版的《图书馆学综合性试用教科书》一书中表述，"图书馆学是符合图书馆目的的整理方面所必要的一切命题的总和"，并据此认为图书馆学的研究对象是"图书馆整理"，其主体内容是图书的配备和目录的编制。③他不仅编制出12个大类、200个小类的分类表，而且编制过字顺目录、主题目录。他在此书中第一次全面叙述了图书馆目录的编制原理，并将其视为图书馆学的重要知识体系。施氏尝言："图书馆应当尽快地找到必要的书籍，以满足任何文献工作的需要。"④"整理说"在我国也有着悠久的历史，20世纪之前的中国图书馆学思想就是关于

① 杨昭悊.图书馆学（上）[M].上海：商务印书馆，1923.
② ［印度］阮冈纳赞.图书馆学五定律[M].夏云等，译.北京：书目文献出版社，1988.
③ 董小英.图书馆学情报学文献源[M].北京：书目文献出版社，1996.
④ 杨威理.西方图书馆史[M].北京：商务印书馆，1988.

图书整理特别是目录学的历史，刘向的《七略》、程俱的《麟台故事》、郑樵的《通志·校雠略》、丘濬的《论图籍之储》与《访求遗书疏》、孙庆增的《藏书纪要》等都是这方面的代表作。

2. 技术说

"技术说"是一种影响深远的观点，迄今仍有很大市场。早在 1820 年，德国图书馆学家艾伯特（Friedrish Adolf Ebert，1791—1834）就在其著作《图书馆馆员的教育》一书中指出，"图书馆学应研究图书馆工作中的实际技术"，"图书馆学是图书馆馆员执行图书馆工作任务时所需要的一切知识和技巧的总和"。他强调图书馆馆员所需要的是综合性的知识，即应掌握外语、历史、文学史、目录学、古籍、百科词典等众多知识。艾氏的观点得到了丹麦学者莫尔贝希（C. Moltbech，1783—1857）的支持，莫氏在 1829 年出版的《论公共图书馆》一书中，进一步阐发了艾氏观点并将其系统化，后人称为"艾伯特—莫尔贝希体系"。

"技术说"的集大成者是美国图书馆学家麦维尔·杜威（Melvil Dewey），他在其编制的《杜威十进分类法 技术科学类》第一版序言中宣称，他不追求什么理论上的完整体系，而是从实用的观点设法解决一个实际问题，具体而言，"最重要的"是"能轻而易举地分类排列并指出架上的图书、小册子，目录里的卡片，剪贴的零星资料和札记，以及对这些文献进行标引"[①]。

上述学者是以非凡的学术思想与方法而享誉图书馆学界的。他们将图书馆学研究内容归纳为整理文献所需要的一切知识与技术的总和，这种观点对

---

① 杜威.杜威十进分类法 技术科学类［M］中国图书馆学会分类编目委员会，译.中国图书馆学会分类编目委员会，1978.

后世影响极大。如 20 世纪前期，美国图书馆协会（ALA）在给图书馆学下定义时说："图书馆学就是发现、搜集、组织及运用印刷或书写的记录之知识与技能。"

3. 管理说

1821 年，德国图书馆学者艾伯特首次提出"图书馆管理学"（Library Economy）一词。1839 年，法国学者 L. A. C. 海塞出版了《图书馆管理学》，他认为图书馆学的宗旨是解决如何最有效地管理图书馆问题。英国的帕尼兹（Anthony Panizzi，1797—1879）被誉为"图书馆馆员的拿破仑"，他在图书馆管理的实践与理论方面多有建树，担任过大不列颠博物院图书馆馆长，他在 1841 年编制出版了以著者为主要款目的《91 条著录规则》，强调必须有科学的著录规则，目录一定要严格按照著录规则加以编制，后被世界许多国家图书馆接受。爱德华兹（Edwards，1812—1886）是这一学说的早期代表人物。爱德华兹享有"公共图书馆运动精神之父"的盛誉，他不仅对图书馆法有深刻的认识，而且在图书馆管理的诸多方面均有独到见解，其 1859 年出版的《图书馆纪要》对 19 世纪的图书馆管理经验进行了全面总结。1887 年，美国图书馆学家杜威创办的图书馆学校，全称即为哥伦比亚学院图书馆管理学院（School of Library Economy at Columbia College）。杜威图书馆学思想的核心是如何提高图书馆管理的时间和成本效益，办学目的就是培养专业的图书馆管理人才，故其课程偏重于图书馆经营实际。同年，圣路易斯公共图书馆馆长 F. M. 克伦登著文提出，应运用企业管理方法管理图书馆。此后，有关图书馆管理的论著日益增多。

受欧美图书馆学影响，我国早期的图书馆论著言及图书馆学研究内容，也多将研究客体指向"图书馆"。如李小缘在其《图书馆学》（1927年讲义初稿）中指出，就图书馆的"各方面研究之，是为图书馆学"。1934年，刘国钧的《图书馆学要旨》一书出版，该书在讲到图书馆学的意义时说："什么是图书馆学？图书馆学便是研究图书馆的组织法、管理法和使用法的学科。"

除上述几种观点外，"工作说"和"方法说"也是该阶段有代表性的观点。图书馆主要是由可见的实体部分和不可见的读者需求部分组成的，在图书馆学发展初期，人们首先感知和认识到实体部分及其最重要的技术方法（包括整理）、工作和管理等要素是必然的，也是符合科学发展规律的，只有当内部和外部的多种条件具备之后，图书馆学研究者才会关注读者，并形成整体的认识。表象的具体认识阶段也给我们留下了一个重要启示，即技术方面（含管理方法）无论如何都是图书馆学的核心之一。

如果说"整理说"和"技术说"关注的是图书整理的实践活动，那么"管理说"则将研究的重心从图书整理转向了图书馆的经营与管理，实现了图书馆学研究范式的第一次转变。这种转变对于世界各国图书馆事业的建设发展以及对于图书馆工作的职业化，都起到了直接的推进作用。

（二）整体的抽象认识阶段

始于20世纪20到30年代，下迄90年代。

20世纪前期，世界各国的图书馆事业都得到了快速的发展。一方面各类型、各级别的图书馆纷纷涌现，另一方面图书馆馆员的职业化促进了图书馆协会的繁荣发展。一个国家或地区的图书馆事业，已成为该国家或地区的重要文化设施和事业。随着图书馆事业的发展，图书馆学也遇到了一些新的研究命题，如图书馆的馆际互借、图书馆法规的制定、图书馆馆员队伍的建设、图书馆藏书的协调、图书馆网的布局等。因此，众多的图书馆学研究者开始调整自己的研究视角，逐渐将研究视野提升到宏观层面上来。在他们看来，不仅微观图书馆的研究很有价值，宏观的图书馆事业也同样具有研究价值和必要。巴特勒、阮冈纳赞、杜定友、刘国钧等人几乎同时开始将图书馆置于社会大系统中去考察，他们坚信，图书馆技术固然重要，但作为社会产物的图书馆对社会的反馈——为读者服务更重要，正是图书馆与社会大系统发生输入—输出的交换，才形成一个"发展的有机体"，而所有这些观点正是该阶段图书馆学研究的主要特征，我们称为整体的抽象认识阶段，也有人称为"图书馆事业说发展阶段"，而上述图书馆学家也就是该阶段最具有代表性的人物。

1. 社会说

美国著名图书馆学家、芝加哥大学图书馆学院教授巴特勒是试图将科学方法系统地引入图书馆学研究的第一人。巧合的是，巴特勒的《图书馆学导论》是美国图书馆学一代宗师杜威去世后两年才出版的，这两件事正是美国图书馆学史上一个旧时代结束与一个新时代开始的标志。巴特勒语出惊人，他这样定义图书与图书馆："图书是保存人类记忆的社会机制，而图书馆则是将人类记忆移植于现在人们的意识中去的社会装置。"①

巴特勒把读书现象与图书馆的本质属性联系起来并加以研究，发现社会知识是以图书为媒介，通过人们的阅读行为进行传递交流的现象。此观点认为，图书馆学的研究对象是图书与读书现象。这种看法在西方国家的图书馆学界影响很大，人们普遍认为，巴特勒开拓了图书馆学研究对象的新领域。

---

① 皮尔斯·巴特勒.图书馆学导论［M］.谢欢，译.北京：海洋出版社，2018.

1925 年，中国的杜定友先生在《图书馆通论》中指出："图书馆的功用，就是社会上一切人的记忆，实际上就是社会上一切人的公共脑子。一个人不能完全地记着一切，而图书馆可记忆并解答一切。"①

2. 知识社会学

德国图书馆学家卡尔施泰特（Karstedt）在其 1954 年出版的《图书馆社会学》一书中认为，图书是客观精神的载体，图书馆则是客观精神得以传递的场所②。图书馆是维持和继承社会精神的不可或缺的社会机构，担负着把社会精神移入作为社会形象载体的社会成员的职能，它所采用的手段是搜集、保存和传递社会精神客观化的图书。他认为，"客观精神"是知识社会学的研究对象，而"知识社会学"正是图书馆学的理论基础，"知识社会学"也是图书馆学的研究对象。

从整体上研究图书馆现象的还有"印度图书馆学之父"阮冈纳赞。阮冈纳赞于 1931 年公开发表了《图书馆学五定律》，得出"图书馆是一个生长着的有机体"的论断。③图书馆学五定律为：①书是为了用的。②每个读者有其书。③每本书有其读者。④节省读者时间。⑤图书馆是一个生长着的有机体。

3. 图书馆事业说（要素说）

1957 年，我国图书馆学家刘国钧先生发表了论文《什么是图书馆学》，文章指出："图书馆学所研究的对象就是图书馆事业及其各个组成要素。图书馆是客观存在着的一种事业，是人类社会生活现象之一。这种现象，这种

---

① 杜定友.图书馆通论［M］.上海：商务印书馆.1925.
② 戴聪生.世纪之交我国图书馆工作若干问题的思考［J］.南通师范学院学报（哲学社会科学版），1996（2）：89-92.
③ 阮冈纳赞.图书馆学五定律［M］.夏云等，译.北京：书目文献出版社，1988.

事业，深刻地影响着我们的生活——学习生活、文化生活、科学研究生活。既然如此，难道不应该弄明白它的性质、它的发展规律、它的各个组成要素及其规律吗？"刘国钧说："图书馆事业有五项组成要素：图书、读者、领导和干部、建筑与设备、工作方法，欲掌握图书馆事业的规律，分别就这五项要素进行深入研究是必须的。"① 后来，人们在言及图书馆学研究对象时，一般将刘国钧的观点概括为"要素说"。其实，刘国钧所言图书馆学研究对象明确指称是"图书馆事业"，而非什么图书馆要素，是典型的"事业说"。

1963 年，武汉大学黄宗忠先生根据毛泽东《矛盾论》的论述，提出了图书馆事业中"藏与用"这对特有的矛盾是图书馆学研究对象的观点。这一观点亦曾被人称为"矛盾说"。1981 年，北京大学、武汉大学图书馆学系合编的教材《图书馆学基础》出版，该书称："图书馆学是研究图书馆事业的发生、发展、组织形式以及它的工作规律的一门科学。"此说被人称为"规律说"。1984 年年底，黄宗忠先生又对自己提出的"矛盾说"进行了修正，提出"图书馆学的研究对象是图书馆"，这里的图书馆不是具体的，而是抽象的"一种科学概念的图书馆"。1985 年年初，沈继武先生又提出"图书馆学的研究对象是图书馆活动"，人们将这一观点称为"活动说"。这些研究对象的新解各有独到之处，在我国图书馆学界广泛传播。不过，它们的出发点均已不再局限于微观的图书馆，而是扩延到了宏观的图书馆，不再仅以图书馆的内部因素为根据。因此，这些观点可以看作"图书馆事业说"的发展与延伸。

上述的"社会说""知识社会学""图书馆事业说"，都具备两个特征：一是整体认识，二是抽象认识。这两个特征也是该阶段比之表象阶段的进步与发展。整体认识阶段在图书馆学研究的发展过程中是一个极为重要的阶段，

① 刘国钧. 什么是图书馆学 ［J］. 中国科学院图书馆通讯，1957（1）：1-5.

它担负着图书馆学成为科学的使命。整体认识阶段的各种观点也有着很强的生命力。例如,作为一种研究对象的阐释,"图书馆事业说"20世纪后半叶在我国一直处于主导地位,至今仍为一种主流意识。"图书馆事业说"不但拓展出图书馆学研究的宏观领域,而且也因其开始关注图书馆事业与社会的各种复杂联系,为图书馆学研究增加了深度与广度。"图书馆事业说"包含"矛盾说""规律说""活动说"等诸多观点,这些观点都具有"本土"特色,它们表现出中国图书馆学者的创新意识与开拓精神。

(三)本质规律的认识阶段

历史的发展常常有着惊人的相似之处。到20世纪60年代,由于以计算机技术为核心的信息技术的迅速发展及其在图书馆的应用,新的"技术论"重新登场;但由于经过了整体的抽象的认识阶段,新的"技术论"也披上了理论的面纱。当然,作为整体认识阶段的延续,理论研究在该阶段居于主导地位。本阶段的主要观点有"交流说""新技术说"。

1. 交流说

"交流说"是信息论特别是情报学与图书馆学相结合的结果。美国图书馆学家谢拉(J. H. Shera,1903—1981)可谓交流说的集大成者。他在《图书馆学引论》(1972)一书中提出,"交流是社会结构的胶黏剂""图书馆是社会交流链中的一环""图书馆具有教育作用和传递情报作用。它是人们与文字记录知识之间的中介,是促使记录知识最大限度地为社会利用的交流系统"[①]。他的"社会认识论"的实质就是交流,他认为,"交流不仅对个人的个性十分重要,而且对社会结构、社会组织及其活动也是重要的,所以

---

① 谢拉.图书馆学引论[M].张沙丽,译.兰州:兰州学出版社,1986.

它成了图书馆学研究的中心内容"①。谢拉的另一段话有助于说明"交流说"的由来："传统图书馆文化现在正在面临挑战，或至少在受到一种新的文化分支——'情报学'的冲击。在这场刚刚开始的冲突中，两者本身都可能发生变化。"②谢拉的说明证实了我们的推论，即"交流说"的出现是与情报学密切相关的，或者可以说它是情报交流理论在图书馆学中的嫁接。

丘巴梁是苏联图书馆学的一代宗师，曾荣获"功勋文化工作者"的称号。他在专著《普通图书馆学》中开门见山地指出："苏联图书馆学是一门把图书馆过程作为群众性地交流社会思想的一种形式的社会科学。"③丘巴梁的表述虽然带有苏联政治文化的色彩，但其实质是"交流说"无疑。

从 20 世纪 80 年代开始，我国学者也开始提出自己的交流理论，可分为"文献交流说""文献信息交流说""知识交流说"三种观点。

"文献交流说"的代表人物是北京大学周文俊教授。他在《概论图书馆学》（1983）一文中指出，文献"首先是一种情报交流的工具。图书馆利用文献进行工作，所以说图书馆工作发展的历史，基本上是利用文献这个情报交流工具进行情报交流工作的经验的结晶"。

"文献信息交流说"以南开大学图书馆学系等集体编写的《理论图书馆学教程》为主要代表作，该书认为，文献信息交流，是图书馆工作的出发点和归宿。图书馆学是研究图书馆进行文献信息交流的理论和方法的学科。

北京大学吴慰慈教授在《图书馆学概论》（1985）中提出的"中介说"

① 谢拉.图书馆学引论［M］.张沙丽，译.兰州：兰州学出版社，1986.
② 谢拉.图书馆学引论［M］.张沙丽，译.兰州：兰州学出版社，1986.
③ 丘巴梁.晋通图书馆学［M］.徐克敏等，译.北京：书目文献出版，1983.

也可以认为是一种"交流说"的观点："图书馆便是帮助人们利用文献进行间接交流的中介物。"① 图书馆工作的实质，就是转换文献信息、实现文献价值和部分价值（内容价值）。

"知识交流说"的代表人物是巫浩等人。1984 年 11 月，华东师范大学的巫浩先生向在杭州召开的中国图书馆学基础理论讨论会提交了论文《知识交流和交流的科学——关于图书馆学基础理论的建设》。该文对以往图书馆学仅停留于对图书馆工作表象研究的状况提出了批评，认为应当发掘隐藏在表象下面的内在机制，从表象描述上升到本质揭示。巫浩指出，图书馆收集、存贮、整理、组织、传递和利用知识信息的活动本质是人类知识交流。图书馆实质上是社会知识交流的工具。图书馆学应划分三个层次研究知识交流：①知识交流的基本原理（研究知识、知识载体、知识交流三者的关系）。②知识交流与交流实体（如图书馆）之间的关系。③图书馆知识交流的内在机制。该文发表后，在图书馆学界影响甚广。

"知识交流说"在理论形态上自称是图书馆学的理论基础，实际上它是对图书馆学研究对象的一种新解。"知识交流说"摆脱了从图书馆实体出发确定图书馆学研究对象的方式，致力于抽象研究对象的本质特征。这对打破传统图书馆学研究封闭的思维模式，推动本学科科学化起到了积极促进作用。"知识交流说"的不足之处在于，理论层次较高，涵盖图书、情报、档案等多门学科，但对于最后如何返回图书馆及图书馆学中，用于揭示图书馆内部活动的机理，却显得较为乏力。

2. 新技术说

"新技术说"，是一种技术决定论，美国的兰开斯特是最著名的代表人物。

---

① 吴慰慈，董炎.图书馆学概论［M］.北京：国家图书馆出版社，2008.

从 20 世纪 70 年代开始，兰开斯特在一系列的论著中阐述了自己对图书馆的认识，他在《电子时代的图书馆和图书馆馆员》一书中指出："实际情况是，通过电子存取的能力，图书馆正在'被解散'。根据对未来进展的预测，这个过程将会以更快的速度继续下去（这就是说，印刷出版物将要让位，电子出版物将取而代之）。除了收藏旧印刷记录的档案馆和提供娱乐消遣方面的阅读材料的机构之外，现在这种类型的图书馆将会消失。"① 他还在另一本专著《走向无纸社会》中做了预测：未来的图书馆就是电子信息系统。另外两位美国图书馆学家克劳福特（Walt Crawford）和戈曼（Michael Gorman）不完全同意兰开斯特的观点，他们认为："印刷品将长期与其他媒体共存互补，图书馆固然在寻求也应该寻求走出'围墙'的途径，但图书馆将继续是一个包括印刷文本在内的多媒体中心。"② "新技术说"在 20 世纪 90 年代随着"虚拟图书馆"概念和技术的发展而呈现出盛行之势，在一些图书馆学教育单位，计算机技术类课程已超过了图书馆学专业课程，这也是人们对图书馆学研究对象认识的一种间接的表现。

本质认识阶段的几种观点的共同之处在于，它们都深化了对图书馆学研究对象的认识，如果说表象认识阶段局限于图书馆的某方面或某些方面，整体认识阶段局限于图书馆结构及外部联系的展开，那么本质认识阶段则深入图书馆内部的文献、知识和文献信息层次，而图书馆—文献—文献信息—知识的认识顺序正是揭开图书馆本质的必然途径。

---

① 兰开斯特.电子时代的图书馆和图书馆员［M］.郑登理，陈珍成，译.北京：科学技术文献出版社，1985.

② 陈平殿.二十一世纪图书馆之发展趋势［J］.琼州大学学报，2001（2）：84.

（四）深入的整合认识阶段

对本质的认识过程不会终结，相反，这是一个不断深入的过程。20世纪90年代以来，虽然居于主流地位的仍然是"交流说"和"新技术说"，但有两种新的观点破土而出，并逐渐显示出强大的生命力，即"信息资源说"和"知识集合说"。

1.信息资源说

人类社会的发展史，可依劳动工具的演变划分为手工工具时代、蒸汽机时代、计算机时代。第一个时代的经济形态是以土地和人力为基础的农业经济，第二个时代的经济形态是以机器和资本为基础的工业经济，从20世纪晚期开始，人类经济形态正在向以知识信息为基础的知识经济过渡与转变。信息产业的飞速发展，导致了社会信息的激增、信息技术的普及与知识经济的崛起。在此背景下，从20世纪80年代起，欧美国家兴起了一个新的专业概念——"信息资源管理"（Information Resources Management，IRM）。IRM理论认为，信息是可共享的资源、财富，任何组织机构都应对它进行高效管理（与设备、资金、技术、人员及信息、系统形成整体化管理），充分发挥其作用，以提高组织机构的效率和竞争力。

IRM理论形成后不久就渗入了图书情报学领域。如美国20世纪80年代图书情报学教育陷入困境之后，众多图书情报学院倒闭，但也有一些学校成功地引入IRM理论改进教学从而获得了生机。20世纪80年代末，IRM理论传入中国。进入90年代，国内一些高校图书情报学系纷纷更改为信息管理系或相关系名，并在教学中加大了信息资源管理的课程比重。1996年9月，武汉大学图书情报学院主办"信息资源与社会发展国际学术研讨会"，会议收到来自 20 多个国家和地区的约 500 篇论文，国内图书情报学界对信息资源理论的研究达到了高潮。

1999 年 2 月，徐引篪、霍国庆在《现代图书馆学理论》一书中明确表示"图书馆学的研究对象是动态的信息资源体系"。其基本观点是：①图书馆的实质是一种动态信息资源体系。无论是文献信息资源、口语信息资源、实物信息资源或多媒体信息资源，根据社会的需要图书馆都可以收集起来，使之形成一个信息资源体系为用户使用。②信息资源体系是发展的有机体，它是动态的，有形成、维护、发展、开发四个主要阶段。③图书馆学的研究对象是图书馆，而图书馆的实质是信息资源体系，故图书馆学的研究对象是动态的信息资源体系。①

"信息资源说"将图书馆视为动态的、有机的信息资源体系，合理地继承了印度图书馆学家阮冈纳赞提出的"图书馆是个发展着的有机体"的观点。"信息资源说"力图揭示图书馆学研究对象的本质，这对我们认识图书馆以及发展图书馆学都有着重要意义。"信息资源说"融合了系统论的思想，将图书馆学内容拓展到一个开放的社会信息资源领域，反映出更加宽广的学术视野。但是，"信息资源说"在很短的时间里几乎不可能经过"本土化"过程。

2. 知识集合说

"知识集合说"的提出者是我国著名图书馆学家王子舟先生。他认为"知识"是图书馆学的核心概念，由此提出了图书馆学理论体系得以展开的两个基本假设：一是每个人都是知识短缺者，二是每个人都想获取有用的知识。人们获取知识的途径有主动获取和被动获取之分，图书馆学的宗旨就是为人

---

① 徐引篪，霍国庆.现代图书馆学理论［M］.北京：北京图书馆出版社，1999.

们主动获取知识提供最佳工具和方法。①

王子舟明确提出，图书馆学的研究对象是知识集合。知识集合是指用科学方法把客观知识元素有序组织起来，形成提供知识服务的人工集合。知识集合是由客观知识元素汇集而成的，这些知识元素的汇集组织依据了一定的科学方法；知识集合一经形成便是一个完整的实体，它在客观知识世界中有独立存在的形态；知识集合的目的是保存、传播知识，为了提供知识服务。可见，图书馆就是知识集合。不过在客观知识世界中，具有知识集合性质的却不仅仅是图书馆，还存在多种多样的知识集合，如百科全书、字典词典、书目索引、知识库、数字图书馆等。

王子舟还指出，图书馆学以知识集合为研究对象，并不是说图书馆学仅仅研究知识集合，它还要研究客观知识和知识受众。客观知识应该成为图书馆学的逻辑起点，知识集合是由客观知识组成的供人们获取知识的"中介"，知识受众是知识集合发生作用的终极归宿。因此，图书馆学应以其本质命题（知识集合）为中心展开自己的研究，建立"客观知识—知识集合—知识受众"这样一个研究范畴体系。

以上文字介绍了关于图书馆学研究对象的四个发展阶段。从方法论的角度来看，人们采取的是本质主义方法，即人们先预设图书馆现象背后存在某种不依人的意志为转移的客观形态的本源性客体，认识图书馆学研究对象的过程就是寻找这种本源性客体的过程。那么，图书馆现象的背后真的存在本源性客体吗？人们能够寻找到这种本源性客体吗？如果是后现代主义者，对这一问题的答复无疑是否定的。由于研究者的研究视角和研究方法不同，对图书馆现象背后的本源性客体（如果存在的话）的定位也会不同。就学习者

---

① 王子舟.图书馆学基础教程［M］.武汉：武汉大学出版社，2003.

的角度而言，关键问题不是判断出某种论说是否"正确"或"准确"，而在于从这种论说中能否得到某种有益的启迪或启发。

三、图书馆学的研究对象有微观和宏观两方面

通过以上对图书馆学研究对象不同观点的考察分析，我们可以看到，在图书馆学研究对象问题上众说纷纭，没有形成统一的观点，而且随着社会环境和技术环境的变化，新的观点还将进一步涌现。这种现象表明图书馆学是一个年轻的、正在成长着的学科。

吴慰慈教授认为，图书馆学的研究对象应包括微观与宏观两方面。因为任何宏观客体都是由种种微观客体组成的体系。宏观体系即整体，微观客体是其部分，只有采取分析的方法研究微观组成的状况，才能透彻地了解作为整体的宏观系统；另外，事物的宏观性质和功能并不等于它的微观成分的性质和功能的简单相加之和，整体系统的功能要大于其组成部分的功能之和。整体的宏观体系是由许多部分的微观客体组成的，它具有各个部分本身所不具有的整体性。许多宏观属性可以从微观机制上得到说明，但不可忽略宏观属性终究是作为整个系统所具有的特点。所以，对图书馆的微观探索和宏观考察相辅相成，共同构成图书馆学的研究体系。

通过上述分析，本书认为图书馆学的研究对象包括两方面：一是微观的研究对象，即文献（知识）或信息的组织、整理和交流。二是宏观的研究对象，即图书馆这一社会组织运动发展变化的规律。这是因为：

第一，从图书馆产生的本源上看，图书馆产生的直接原因是文字的发明和文献的出现，当社会文献积累到一定数量之后，就产生了对文献进行收集

与整理的社会需求。对文献（知识）或信息进行组织、整理和交流，是图书馆所承担的基本的社会分工，这一社会分工，既满足了人们对文献信息的社会需求，同时也把图书馆与其他机构区别开来。离开了对文献信息的收集、整理与传递，就不会有图书馆的产生与存在。无论图书馆的形态如何变化，对文献信息的收集、整理和传递始终是图书馆学的核心内容。

第二，从性质上说，图书馆这一社会机构（或组织）是一种客观存在，是人们认识和研究的客体。正是因为有了图书馆的存在，有了图书馆发展的需要，有了图书馆活动的长期实践经验的积累，才产生了图书馆学。作为图书馆学研究对象的图书馆，不是具体形态的图书馆，而是对图书馆这样一类事物运动、发展、变化规律的概括与总结。

第三，图书馆学的研究对象与图书馆的本质属性是相一致的。图书馆的本质属性是文献的收藏与利用，或称文献的聚集和知识信息的传递。通过这一属性可以把图书馆与其他机构区分开来，同样，通过这一研究对象，可以把图书馆学与其他学科区别开来。

第四，知识或信息的组织、整理和交流技术手段的进步，推进了图书馆社会形态的演化，丰富多彩的图书馆实践活动，为图书馆学研究提供了最基本的研究材料和应用场所，图书馆学研究离开了图书馆就成了无本之木、无源之水。反之，图书馆学的理论又可以指导图书馆的实践，使得图书馆朝着正确、科学的方向发展。因此，图书馆学与图书馆不可分割，二者是相互依存、相互促进、共同发展的。

第二节　图书馆学的内容体系

　　图书馆学作为一门学科，不仅应有明确的研究对象，还应有严密、科学的内容体系。通常，一门科学的内容体系是由其所属的各门类及各分支学科构成的，它们相互关联，形成了一个整体。图书馆学的内容体系，指的是在图书馆学这个一级学科名称下，由其所属门类及各个分支学科构成的一个整体。从目前的情况来看，图书馆学的体系结构由四部分组成，即普通图书馆学、专门图书馆学、比较图书馆学和应用图书馆学。

一、普通图书馆学

　　普通图书馆学是研究图书馆学的对象、任务、方法、性质、社会作用、事业发展，图书馆工作的一般规律、原则和技术，以及图书馆学教育、图书馆馆员与图书馆职业、图书馆的未来与现代化问题等的图书馆学分支学科。近期，图书馆未来发展形态，包括电子图书馆、虚拟图书馆、数字图书馆、复合图书馆的发展及其相互关系成为普通图书馆学研究的热点之一。此外，普通图书馆学还应该包括图书馆发展史和图书馆学发展史的研究。

　　普通图书馆学是图书馆学的基本理论部分，它除了对图书馆学各个组成学科提供基本理论之外，还提供图书馆学的研究方法。

　　图书馆哲学是普通图书馆学的核心。图书馆哲学为图书馆学理论与图书馆工作实践提供哲学指导，其核心是为图书馆学理论确定正确的逻辑起点、逻辑中介和逻辑终点，也就是为图书馆学建立正确的范畴体系，提供哲学指导，即提供对图书馆现象进行本质性认识的理论参照，亦称图书馆学的理论基础。目前,关于图书馆学的理论基础,比较熟悉的理论或观点有社会认识论、知识交流论、知识组织论、信息政治经济学理论、女权主义理论、政治哲学理论、政治经济学理论、公共物品理论等。蒋永福指出：客观知识是图书馆学的逻辑起点,知识组织是图书馆学的逻辑中介,人是图书馆学的逻辑终点。[①]

二、专门图书馆学

专门图书馆学，是研究各种类型图书馆及其特点的图书馆学分支学科，其内容包括研究公共图书馆（包括国家图书馆、省市州县等地方图书馆、社区图书馆等）、大学图书馆、科学与专业图书馆等的工作原理、特点、任务及其特殊的性质、职能，以及它们的组织形式、管理体制和发展趋势等。各类型的图书馆还包括版本图书馆、期刊图书馆、音像图书馆、缩微图书馆、电子出版物图书馆、中小学图书馆、少年儿童图书馆、企业图书馆、工会图书馆、农村图书馆、盲人图书馆等。

三、比较图书馆学

比较图书馆学是从 20 世纪 50 年代逐渐兴起的一门图书馆学分支学科。比较图书馆学的研究对象是世界各国的图书馆事业。它从社会经济、文化、科技、社会政治体制、思想和历史角度出发，对两个或两个以上国家的图书馆、图书馆体制、图书馆事业发展中的经验或问题进行比较研究，其目的在于了解并掌握它们之间的共同点和差异点，并对这些差异做出科学的解释，

---

① 蒋永福.图书馆学基础简明教程［M］.北京：知识产权出版社，2012.

从而得出正确发展图书馆事业的准则。比较图书馆学的研究内容是相当广泛的。它综合各种社会科学研究方法、数理统计方法，以探索各国、各地区图书馆事业发展的内在机制及国际图书馆事业的协作为主要目标，其研究模式主要有影响研究、平行研究、跨学科研究。中外不少专家认为，比较图书馆学还未能形成一门相对成熟的独立的学科，它只是比较方法在图书馆学研究中的应用。

比较图书馆学的研究类型主要有三种：①地域研究。这种研究把某一特定国家或地区的图书馆事业发展与有关的决定性背景因素联系起来，给予描述性的综合和批判性的分析。②跨国研究。这种研究是对两个国家或更多国家中与图书馆相关的某一技术问题，从多国或多文化角度所做的研究。③实例研究。这种研究深入地分析一种图书馆类型，或图书馆事业发展中的一种关键因素。例如，某一特定国家的图书馆学教育、图书馆协作与资源共享、图书馆自动化问题等。

四、应用图书馆学

应用图书馆学有两种含义：其一是指以图书馆具体工作为研究对象，研究图书馆工作的环节、程序、方法和技术的学科，这也可称为狭义应用图书馆学。其二是指将图书馆学的原理同有关学科某些实用研究结合起来，研究有关学科本身所涉及的实践与应用方面的问题的新学科，它们大都是边缘学科，主要有图书馆经济学、读者心理学、图书馆管理学、图书馆统计学、文献保护学、图书馆教育学、图书馆建筑学等。它们也可称为广义的应用图书馆学，其数量处于不断地增长过程中。通常，人们是在狭义范围上使用应用图书馆学概念。

应用图书馆学的内容几乎包括了图书馆工作的各方面、各个环节，归纳起来主要有：

（1）文献信息资源建设。主要研究图书馆选择和收集文献、信息的原则和方法，文献信息的类型，馆藏类型的变化，出版物的供应制度，馆藏的划分和馆藏的组织、存储、典藏和保护等。不但要研究纸质文献的收集和馆藏建设，还要研究电子文献、数字化文献资源建设和网上虚拟信息资源的链接等。

（2）文献信息资源整序工作。其包括图书馆文献目录工作、文献分类标引工作、文献主题标引工作等。主要研究文献资料著录和编目的一般原则和方法，目录的种类、目录的组织、目录的体系，分类法与主题法，以及电子计算机编目、联合目录（共享编目）、公共联机书目查询服务（OPAC，Online Public Access Catalogue）、目录工作标准化等。

（3）图书馆用户服务工作，即读者服务工作。主要研究图书馆用户构成、用户类型、信息需求、文献阅读需求，研究图书馆信息服务的类型，包括文献流通借阅、参考咨询、新型媒体文献信息的管理与服务、网络信息导航等。

（4）图书馆管理工作。主要研究图书馆事业与个体图书馆的管理工作，包括宏观管理和微观管理两方面。管理主要包括决策、计划、组织、指挥、控制、协调等环节。研究各类型图书馆工作机构的设置、劳动组织、工作计划、工作定额、行政管理、资金管理、设备管理、人事管理、工作统计等。在图书馆综合采用科学管理、行为管理、定额管理、目标管理、战略管理、信息资源管理、系统管理，结合现代化管理手段，合理配置图书馆各种资源，提高工作效率，充分发挥图书馆人力、物力、财力和文献信息资源的作用，提高工作水平。

（5）图书馆工作现代化。主要研究以电子计算机为核心的信息技术对图书馆工作的影响，如信息压缩技术、信息存储技术、信息传递技术、信息处理技术等在图书馆的应用。其包括新型光盘多媒体文献对图书馆信息资源、建设的影响，图书馆文献数字化工作，文献信息资源与虚拟馆藏建设，图书馆计算机自动化管理集成系统，图书馆建筑与设备的现代化，图书馆工作过程的机械化、自动化，图书馆工作标准化。

第三节　图书馆学的学科性质和学科特点

一、图书馆学的学科性质

学科性质是个科学分类的问题。科学是一种知识体系，对这种知识体系进行分类，便于从整体上去分析其特征，了解各门学科的特殊性及其相互间的内在联系，进而为发展科学提供战略上的依据。

图书馆学的学科性质是 20 世纪 50 年代以来被图书馆学界广泛关注的命题之一。一方面，图书馆学经过了 100 多年的发展，其知识体系已趋于稳定与明晰。另一方面，社会科学已经迅速发展成了"公众最注意和最寄予希望的科学"，正变成像自然科学一样的"硬"科学，并与其分庭抗礼。图书馆学研究者王子舟意识到："图书馆学必须考虑自己所属的领域，并能为之辩解。事实上，一门学科假若不能相当清晰地阐明自己的范围，对这门学科的学术性质和科学性质就总会存在理所当然的怀疑。"①

在图书馆学学科性质的判别问题上，有诸多争议。具有代表性的观点主要有如下几种：

①图书馆学是一门社会科学。

②图书馆学是一门综合科学。

③图书馆学是一门应用科学。

④图书馆学是一门管理科学。

⑤图书馆学是一门信息科学。

⑥图书馆学是一门人文科学。

一般来说，判定一门学科的性质，主要以该学科的研究对象和内容属于一种什么现象、从属什么具体范畴为依据。通常，依照研究对象的不同，我们可以将现有庞大的人类知识体系划分为三大门类，即自然科学、社会科学和人文科学。这三大学科门类主要有以下两方面的区别：首先，从研究对象与目的来看，自然科学研究的是客观物质世界，其目的是探寻物质世界的运动和演化规律，主要学科有物理学、化学、数学、天文学、医学、农学、环境科学和生物学等；社会科学研究的是社会现象以及人与人之间的关系，其目的是通过对社会的运行、组织、控制、管理、规范的研究，使社会更有效地运行、发展，创造出符合人性的社会体系，主要有经济学、政治学、法律学、社会学等；人文科学研究的是人自身的本质、精神、价值，其目的是解答人的生存意义、感情与信仰、自由和幸福等问题，为人类寻找精神家园，使心灵有所安顿，主要学科有文学、史学、哲学、宗教学、美学等。其次，从学

① 王子舟.图书馆学基础教程［M］.武汉：武汉大学出版社，2003.

科特征与研究方法来看，自然科学具有客观性、刚性、精确性等特征，研究方法有观察法、实验法等实证的、可量化的科学方法；人文科学则具有主观性、柔性、模糊性等特征，研究方法主要是解读和感悟、情感思维、价值分析、自由联想等质化的科学方法；而社会科学的学科特征、研究方法则介于自然科学、人文科学之间，目前有偏向于自然科学的趋势。

对照上述分析，图书馆学更多具备的是社会科学的特征，应当归属于社会科学。这是因为：

第一，从研究对象来看，图书馆学研究的是如何将文献（知识）信息组织、整理成有序的集合，并通过图书馆这一机构或服务来实现知识与信息的传递与交流。文献信息是客观存在的社会事物，图书馆也是人类社会发展到一定阶段的产物，人们通过图书馆这一机构或服务来获取文献信息的行为也是一种社会活动。因此，图书馆学的研究对象主要还是一种社会现象。

第二，从学科目标上看，图书馆学的目标是为人们获取知识与信息提供便利的方法与工具，这也与社会科学的研究目的相同。

第三，从研究方法上看，与强调精确性的自然科学不同，图书馆学研究并不强调构建精确的理论体系，特别是数量体系，以及进行实验验证。现阶段，图书馆学应用最多的还是社会科学的研究方法，自然科学的研究方法虽然也有应用，但主要集中在应用技术方面，在构建图书馆学理论体系方面，自然科学方法的贡献是局部的、零散的，并没有占据具有决定意义的地位。学科的研究方法，在一定程度上反映了该学科与其他学科的关联，因此说图书馆学的性质属于社会科学，是合乎客观实际的。

二、图书馆学的学科特点

图书馆学作为一门科学，和其他科学一样，具有认识世界、改造世界的社会功能。同时，它又独立于其他任何一门学科，有它自身的研究对象和内容、学科体系和研究方法，并形成了图书馆学独特的个性。这种个性在图书馆学的发展过程中形成了自己的学科特点。这些具体特点是：

（一）图书馆学是一门应用性或者说是实践性很强的学科

图书馆学不同于其他一些高度抽象的理论科学，它从一开始就是以图书馆的实际工作需要为其发展动力，并且和图书馆的实践活动始终难解难分。它强调方法的完善、技术手段的改进和为读者服务并应用于社会。同时，图书馆应用技术的进步，为图书馆学理论研究提供了新的视角和研究方法，甚至可以从根本上改变图书馆学的概念、学术规范、体系结构。是图书馆的实践活动促进着图书馆学理论的发展，也是图书馆的实践活动检验着图书馆学理论成果的正确、实用和有效程度。因而，图书馆学是一门实践性很强的学科，离开图书馆工作实践的图书馆学研究是没有存在价值的。

（二）图书馆学具有技术性的特点

图书馆学研究的许多内容都具有技术特征。图书馆学一方面具有科学认识的作用，另一方面又具有很明显的职业技术的特点。最初的图书馆学教育是从职业技术训练中发展而来的，受职业技术教育的促进和推动，这种职业技术在图书馆实践活动的发展中日趋复杂和成熟，要胜任图书馆工作就必须掌握这一系列的技术——文献信息的选择收集、整理加工、分类编目、主题标引、排列保护、流通传递、参考咨询、图书馆自动化管理系统的使用、文献数字化、网络服务等各项专门的方法和技术。研究读者服务的方法和技术，以及图书馆工作和图书馆事业组织管理的方法和技术，也是图书馆学研究中的一个重要内容。近年来，随着现代信息技术在图书馆的广泛应用，图书馆的工作手段和服务方式发生了根本性的变化，也使得现代图书馆的发展朝着传统图书馆与数字图书馆并存的复合图书馆转移，也深刻地影响着图书馆学研究的概念、内容、理论体系和研究方法。

（三）图书馆学具有综合性的特点

其一，现代科学呈综合发展趋势，交叉学科、横断学科不断出现；哲学与数学方法正向其他学科渗透；自然科学、技术科学、社会科学相互融合，图书馆学不可能不受其影响。其二，图书馆学研究对象存在内在的多样性与复杂性，如图书馆构成的复杂性、图书馆性质与功能的多样性、图书馆学理论基础的群体性、图书馆学方法的整体性等。其三，图书馆学体系结构不断发展、扩张，已融进了大量横断科学、交叉科学、基础科学，并形成了许多新的分支学科。因此，"今天的图书馆学正在走向多学科结合的综合化道路，成为一门既具有应用科学、社会科学性质，又具有自然科学性质的综合性学科"。从现阶段的实际情况来看，目前图书馆学尚未发展成为一门综合性学科。所谓综合性学科，是指通过多学科的理论和方法对同一对象进行研究所形成的学科，如仿生学、环境科学、旅游学、管理学等。但我们不能否认的是，图书馆学具有综合性的特点。

第四节　图书馆学相关学科

在科学体系中，各门学科并不是孤立存在的，它们之间有着千丝万缕的联系，互相渗透，互补共存，共同形成科学体系的有机体。一门学科与其他学科有所关联，这些学科就被称为该学科的相关学科。图书馆学的相关学科，指的是与图书馆学发生较为密切的直接或间接关系的所有学科。按照图书馆学与其相关学科联系的紧密程度，通常可以把图书馆学的相关学科分为三个范围，即同族学科、相邻学科和远缘学科。

一、图书馆学的同族学科

同族学科是指相互之间有着"血缘关系"的学科。它们在产生过程中有着同源关联，并且在研究对象、研究方法、学科宗旨等方面有着部分相同或相似性。图书馆学的同族学科主要有文献学、目录学、档案学、情报学等。

（一）图书馆学与文献学

文献学是一门具有悠久历史的学科，有古典文献学与现代文献学之分。古典文献学是我国"土生土长"的知识体系，它研究的是古代遗存文献，涉及古文献的版本、目录、校勘、辑佚、辨伪、注释、编纂等内容，并以文史哲等人文科学为主要应用领域。现代文献学则是在西方科学思想的影响下逐步建立起来的学科体系，它研究的是文献及文献工作，涉及文献的性质、载体、类型、生产、分布、计量、交流、利用、发展等内容，应用领域遍及各学科。

文献学与图书馆学有着非常紧密的关联。其一，从二者的学科产生过程来看，文献学与图书馆学都来源于传统的文献工作。其二，从学科的研究对象来看，文献学与图书馆学也有大量的重叠、交叉之处。二者都研究文献，只不过研究的侧重点不同，文献学主要研究文献本身，而图书馆学除了要研究文献组织整理的方法外，还要研究如何通过图书馆这一机构或服务，把有序的文献集合传递给读者，研究范围较文献学要宽泛。其三，在研究方法上，二者有着相同之处。如古文献的版本、目录、校雠的方法，现代文献的采集、分析、计量、传播的方法，不仅是图书馆学的研究方法，也是文献学的研究方法。其四，从学科宗旨来看，二者都力图向主动获取知识的人们提供方法与工具。

（二）图书馆学与目录学

目录学是研究目录工作形成和发展的一般规律，即研究书目情报运动规律的科学，是目录工作实践经验的理论概括和总结。中国目录学是一门有着悠久历史与优良传统，同时又具有鲜明时代特征和广泛应用价值的学科。我国古代很早就有人注意到目录学的作用，西汉时期，刘向、刘歆父子就撰有《别录》《七略》等书，以后历代均有专著。南宋郑樵有《通志·校雠略》，至清代，章学诚著成《校雠通义》，更是总结了目录学的丰富经验。反映我国古代著述的规模最大、最全的目录是《四库全书总目提要》和《四库全书简明目录》。古典目录学经郑樵与章学诚等学者的发展与完善，形成了以"辨章学术，考镜源流"为核心的理论体系。目录学在清代一度被尊为显学。今天，文献信息资源管理的环境发生了很大变化。目录学发展成一门科学地揭示与有效地报道文献信息，以解决巨量的文献与人们对其特定需要之间的矛盾的学科，在科学研究、读书治学、信息资源管理、出版发行等领域具有广阔的应用前景。

目录学与图书馆学有着非常密切的关联。其一，从学科的产生过程来看，目录学与图书馆学都来源于传统的文献工作。目录学产生于对文献揭示与报道的目录实践，目录是对文献的外表特征和内容特征进行描述与记录所形成的产品。其二，从学科的研究对象来看，二者有重叠和交叉之处。目录学的研究对象是文献目录工作，包括编制印刷品的书目、索引、述评，以及如何查明、著录、揭示、评定各种印刷品出版物。而这也是图书馆学要研究的内容之一，此外，图书馆学还要研究如何利用目录学的成果，有效地向读者传递与利用图书馆的文献信息资源，图书馆学的研究范围较目录学也要广泛一些。其三，从研究方法来看，二者也有着相同之处。如文献揭示与著录的方法、文献组织的方法（分类法、主题法、时序法、地序法、字顺法）、书目提要的撰写方法、文摘的编写方法等，不仅是目录学的研究方法，也是图书馆学的研究方法。其四，从学科宗旨来看，目录学的目的是寻求以书目索引等作为连接日益增长的文献系统与用户（读者）系统之间桥梁的理论基础和技术手段，不断扩展和改进文献系统与用户（读者）系统之间联系的途径与方法，使任何文献都能为任何需要者获得。图书馆学的目标是为人们获取文献（知识）与信息提供便利的方法与工具。

（三）图书馆学与档案学

档案学是研究档案的形成规律、性质、特点以及档案工作方法与发展规律的学科。

档案学与图书馆学既紧密联系又互相独立。其一，从学科产生过程来看，早期的图书馆与档案馆在历史形成之初是同源合一的。许多考古结果也证实了这一点。图书馆学与档案学的知识体系来源于图书整理、档案整理的实践活动。早期图书、档案的合一同源，说明这两门学科有着某种血缘关系。其二，从研究对象来看，图书馆学研究的图书与档案学研究的档案，其实质都是一种信息知识，一种人类社会的共同记忆。但图书与档案又有着明显的区别：①图书记载的是人类知识，而档案记载的主要是人类活动留下来的社会信息，其内容范畴较图书要宽泛。②图书的知识内容一般较为系统、完整，而档案则包括许多零星的信息，如测试记录、发票、账单、登记表、签名等。③档案作为人类活动信息的原始记录，具有凭证的作用，因而往往是"孤品"，而图书旨在传播知识，往往有大量复本。④档案体现信息的准确性、可靠性，一旦形成原生性的固化信息就不可更改、更新，而图书是人类系统知识的产品，它可以修订、再版。⑤图书在被图书馆收藏之前是商品，可以买卖，而档案在被收集之前大多属于文献，不是商品，不能进入流通领域。⑥图书作为社会公共产品，希望有广泛的读者来传播使用，而档案的利用则经常要受使用者用途的影响而不具有广泛性。图书与档案虽然有着明显的区别，但是二者可以互相转化，如图书的手稿可以是档案，档案文献的汇编又可以成为图书。其三，图书馆学的文献整理方法与档案学的档案整理方法也有着相似性，二者都有采集、编目、分类、典藏、流通、检索、利用等。其四，从学科功用来看，图书馆学与档案学都有努力保存人类历史文化遗产，为社会实践提供知识信息服务的共同目标。

（四）图书馆学与情报学

情报学是研究情报的产生、传递、利用规律和用现代化信息技术与手段使情报流通过程、情报系统保持最佳效能状态的一门科学。

情报学与图书馆学有着亲密的血缘关系。其一，从产生过程来看，情报学的形成固然与以往的军事谍报（情报）活动有着渊源，但大量事实说明，第二次世界大战以后图书馆文献工作才是情报学真正生长、形成的温床。情报学界有"情报学脱胎于图书馆学""图书馆学是情报学的母体"的说法。其二，从研究对象来看，图书馆学与情报学的研究对象都是文献（知识）信息的组织、整理与传递，但二者也有着明显的差异，即图书馆学研究的文献属于知识的范畴，而情报学研究的情报，既有可能是信息，也有可能是知识。其三，图书馆学与情报学的宗旨任务是相同的，科学方法也存在相似性、同一性，如二者都是为了满足人们有效利用文献信息的需求而提供最佳方法与工具，二者都有对文献或情报的搜集、加工、整理、分析、报道、检索等科学方法的运用等。

二、图书馆学的相邻学科

在科学体系中，某些学科之间在研究对象、研究方法、学科特点、学科宗旨等方面有着相邻、相近的关系，这些学科就构成了相邻学科。图书馆学的相邻学科主要有教育学、社会学等。

（一）图书馆学与教育学

教育学是以教育现象、教育问题为研究对象，归纳总结人类教育活动的科学理论与实践，探索解决教育活动产生、发展过程中遇到的实际教育问题，从而揭示出一般教育规律的一门社会科学。从研究对象和学科宗旨来看，教育学和图书馆学有着某种相近之处。教育学的研究对象是教育现象，参照的是以知识为主的人类文化遗产如何被人们吸收与传承的问题，这与图书馆学参照人们对知识的吸收与获取是基本相同的；教育学的宗旨是使受教育者在德、智、体、美、劳等方面全面发展，图书馆学亦是如此，甚至图书馆本身就是社会的教育机构，它也承担着教育职能。

但是作为两门不同的学科，二者的起源不同，学科之间也存在较大的差异。教育学讲的教育主要是通过学校传道授业，图书馆学讲的教育是通过图书馆这一机构的服务获得知识，属于自我学习。在知识社会的今天，图书馆已成为人们获取知识的"终身学校"，图书馆学实际上也可以理解为是有关终身教育的一门学问。

（二）图书馆学与社会学

社会学是从社会整体出发，通过社会关系和社会行为来研究社会的结构、功能、发展规律的综合性学科。它的研究内容十分广泛，主要有人与人的行为关系问题和劳动、职业、人口、文化、婚姻、道德、犯罪、经济生活、社会阶级等问题。特别是对社会文化的研究，已经形成了专门的文化社会学。研究文化，当然离不开图书馆，图书馆的职能之一就是保存人类的文化遗产，图书馆以其丰厚的积累成为国家管理文化资源的重要手段。图书馆在人类文化发展进程中，也起着十分重要的作用。图书馆是人类社会发展过程中创设的社会机构，承担着对文献信息组织、整理与传递的社会分工，本身就具有很强的社会性。图书馆学领域中某些问题的研究，如不同读者群的兴趣与需求问题、文献流通和阅读的普及性问题、图书馆的社会作用问题、阅读的社会学问题等，都要与社会学产生内容上的联系与交叉，需要借助社会学的原理、方法。图书馆与社会、图书馆社会教育职能、阅读社会学等分支领域便是图书馆学和社会学相结合的产物。

三、图书馆学的远缘学科

远缘学科是指学科之间存在联系，但这种联系不如上述同族关系和相邻关系那样密切。远缘学科不同于边缘学科。边缘学科是指两门或两门以上的学科相互交叉渗透进而在已有学科边缘地带形成的新学科，又称为交叉学科。边缘学科的形成有两种基本途径：其一，两门或两门以上的学科独立发展到一定程度，在某些共同性课题上汇集在一起，开辟出新道路而形成了边缘学科，如生物学与化学之间形成了生物化学。其二，主动把一门学科的理论与方法移用到另一门学科领域，从而导致新的边缘学科的产生。如将伦理学的理论与方法应用于医学领域就形成了医学伦理学。远缘学科与边缘学科的区别在于：A 学科与 B 学科交叉渗透形成了 C 学科，则 C 学科就可以称为边缘学科，而 A 学科与 B 学科则是远缘学科。远缘学科只是个相对的概念，它还不是个独立的概念，只能在相对关系中存在。

图书馆学的远缘学科目前主要有心理学、语言学、历史学、法学、管理学、计算机科学等。

（一）图书馆学与心理学

心理学是研究心理现象及其规律的学科。图书馆学要大量应用心理学的原理和方法去研究读者（用户）的阅读心理活动及其机制，研究影响读者阅读心理的因素、读者获取知识信息的心理机制，研究提高读者阅读效率的方法，等等。为此，在应用图书馆学中产生了有关读者阅读心理、读者信息需求心理研究的分支学科。

（二）图书馆学与语言学

图书馆学研究文献（知识）和信息的组织、整理，并通过图书馆这一机构或服务来实现知识与信息的传递和交流。图书馆对文献进行有序化整理的方法主要有分类法和主题法，这两种方法在使文献信息有序化的同时，还提供获取文献信息的检索语言（通常被称为情报检索语言）。检索语言目前主要使用的是人工语言。它也有"词汇"和"语法"两部分：词汇指在分类表、词表、代码表中的全部标识，一个标识（分类号、检索词、代码等）就是一个语词；而语法又分为词法（标识表的编制规则）和句法（标引与检索规则）。检索语言的建立与完善，需要在语言学知识的帮助下才能完成。语言学与图书情报学的交叉，已经形成了一门新的边缘学科——情报检索语言学。

（三）图书馆学与历史学

德国哲学家卡尔·雅斯贝斯（K. Jaspers）曾说：历史不是一堆可有可无的平实，而是我们生活中一个活跃的组成部分。[①] 历史处于起源与目的之间。可以说，任何一门学科的发展都离不开对本学科历史的梳理与研究。图书馆学要充满思想活力，必须回到图书馆学思想史、学术史中寻找资源和营养，而且，许多重大问题只有在学术史的梳理中才能求解。把历史学的理论与方法引入图书馆学，已经形成了图书史、图书馆史、图书馆学史等分支学科。

（四）图书馆学与法学

法学是专门以法律现象及其规律为研究对象的一门社会科学。它与图书

---

① 雅斯贝斯.历史的起源与目标［M］.李夏菲，译.桂林：漓江出版社，2019.

馆学在研究内容上也存在交叉与重叠的现象，如知识产权、读者的合法权利等问题。知识产权亦称"智力成果权"，是人们就其智力劳动的成果依法享有的专有权利。它属于民事权利，主要包含著作权（保护对象是创作作品）和工商业标记权（保护对象是商标等）。其中，著作权是图书馆学研究的重要问题之一。特别是在数字图书馆建设过程中，馆藏资源的数字化、馆外数字资源的链接、全文数据库的开发建设、数字化文献的网上传输等，都涉及知识产权的问题。换言之，数字图书馆的知识产权问题涉及两大部分：一是数字图书馆自主知识产权的获得与保护，二是数字图书馆运作中所涉及来源作品的知识产权的保护。其中，如何掌握"合理使用"的"度"，是目前图书馆学与法学共同研究的重要课题之一。

（五）图书馆学与管理学

管理学所研究的是人类如何自觉地、科学地管理自己的社会活动。图书馆作为人类社会的一种特有机构，其活动如何进行管理，一直是图书馆学所关心的问题。可以说，图书馆学从诞生起就一直在研究这个问题，只是到了现在，管理学成为一门独立的学科之后，图书馆学中的管理研究才找到了一种科学的理论和方法，进而产生了图书馆管理学的分支学科。

（六）图书馆学与计算机科学

计算机科学、网络科学、通信科学等信息科学在图书馆学中的应用更是具有了决定性的作用。计算机科学早期在图书馆学中的应用，开辟了图书馆自动化研究的新领域，现在正在开辟出文献资源数字化、条形码应用、网络资源的组织与检索、多媒体文本、人工智能服务等诸多新的研究领域。以计算机技术、网络通信技术为核心的信息科学技术在图书馆学中的应用不仅改变了图书馆的文献构成、技术手段、服务模式，而且将改变图书馆存在的形态，数字图书馆、虚拟图书馆、虚拟现实图书馆等就是这些信息科学技术在图书馆应用后所形成的新的图书馆形态。这些新的变革也必将导致图书馆学理论研究的变革与创新。

第五节　图书馆学方法论

现代科学意义上的"方法"是指人们研究和认识各种事物所采用的思路、途径、手段和程序。方法论就是关于方法的科学，它对方法进行分析、比较、评价、综合，是专门研究方法的一种知识系统。图书馆学方法论就是研究图书馆学方法的有关理论。

任何一门学科的方法论都应对其所使用的不同层次的科学方法有所揭示，而每门学科使用的方法通常被划分为三个层次：①最低一层的本学科专门方法，它们是独特的、具体的，具有较强的针对性、有效性和可操作性。②处于中间层次的各门学科所通用的一般科学方法，如观察实验法、调查统计法、数学方法等，它们对各门具体学科大多通用，是对第一层次的概括与总结。③处于最高层次的哲学方法，是适用于一切学科最普遍的科学方法，是对第一、第二层次的概括与总结。有无专门科学方法是衡量该学科是否成熟的一个重要标志。

一、图书馆学专门方法

图书馆学专门方法的形成与长期的图书馆实践活动有着密切的关系。我国古代的某些文献整理方法和现代图书馆实践所孕育出来的一些科学方法共同组成了图书馆学专门方法的体系。当代图书馆学的专门方法主要由以下三方面若干种具体方法构成。

（一）文献的求原、求真法

1. 文献的求原法——版本鉴别法

图书馆收藏的文献浩如烟海，一书众本、同书异本现象很多。读书治学不求善本，往往事倍功半；添购馆藏不鉴版本，未免鱼龙混杂，于是就产生了版本鉴别的方法。版本鉴别的目的，在于求文献内容的原本性，对同书异本现象进行探本溯源，即序其先后，审其异同，判其完缺，定其优劣，从而找出文献的线索与规律。不仅古籍存在版本鉴别问题，今天的图书（纸本，甚或是电子图书），也依然存在版本鉴别的问题。

图书版本的鉴别大致可分为两类：一是某部书的版本特点和流传情况的研究，二是不同时代社会书籍版本基本概貌和特征的研究。前者是具体的个案研究，往往是某一学科领域专家在学术史研究过程中要下的"死功夫"；后者是群体的综括研究，通常是图书馆学家鉴定一书版本年代以及撰写图书史必须进行的研究。

一般来说，版本鉴别需要如下一些知识的积累：

（1）掌握一些图书版本常识，如书籍发展历史（简帛、蝴蝶装、线装等）、书籍版本常用术语（宋体字、朱丝栏、行款、书口、墨围、牌记等），这方面的知识可以阅读叶德辉的《书林清话》（中华书局，1957）、毛春翔的《古书版本常谈》（上海人民出版社，1977）、魏隐儒的《古籍版本鉴赏》（北京燕山出版社，1996）、李致忠的《古书版本学概论》（书目文献出版社，1990）等。

（2）要对古今抄、刻、印书籍的各时代、各地方特点有较为熟悉的了解。如手抄本、木刻本、石印本各有自己的时代特点，所有的墨、纸以及字体等也有所不同。这方面的知识可以阅读大量的书影文献，如赵万里主编的《中国版刻图录》（文物出版社，1960）、潘承弼（景政）与顾廷龙合编的《明代版本图录初编》（开明书店，1941）、上海图书馆编的《善本书影》（上海古籍书店，1978）、黄裳的《清代版刻一隅》（齐鲁书社，1992）等。

（3）要会查检各种图书目录等。书目是图书流传信息的"印记"，通过古今重要的图书目录，可以了解一部书籍什么时候产生，曾经流传到什么地方以及现在身在何处。如《汉书·艺文志》《隋书·经籍志》、宋代藏书家晁公武的《郡斋读书志》和陈振孙的《直斋书录解题》、明代的毛氏《汲古阁校刻书目》、清代纪昀等人编纂的《四库全书总目》等。

（4）要经常翻阅古籍题跋著作。题跋是位于书籍前后的说明文字，所谓"题者标其前，跋者标其后"。阅读题跋有助于快速、准确了解一本书的内容、作者、成书时间、学术价值等。2002年，国家图书馆选录馆藏古籍题跋类书籍67种，《国家图书馆藏古籍题跋丛刊》出版，几乎将明清以来的著名藏书家、版本学家的题跋著作全部收录其中。读这类题跋书，对增长古籍版本鉴别的经验以及知晓古籍流传情况都有很大帮助。

（5）要有广博的文史知识。如古代的职官制度、文体分类、避讳方式、宗教常识、地理状况、民族关系等，这方面的书籍可阅读清代黄本骥的《历代职官表》（上海古籍出版社，1980）、明代吴纳的《文章辨体序说》和徐师曾的《文体明辨序说》（二书合为一书，人民文学出版社，1962）、陈垣的《史讳举例》（中华书局，1962）、丁福保的《佛学大辞典》（文物出版社，1984）、陈国符的《道藏源流考》（中华书局，1963）、谭其骧的《中国历史地图集》（地图出版社，1982—1987）、《中国大百科全书·民族》（中国大百科全书出版社，1986）等。

2. 文献的求真法——文本校勘法

在写本时代，图书的传抄常会发生文字的讹、脱、衍、倒等错误，因此就需要备众本、辨异同、订脱误、删重复、增佚文、存别义等。这些工作不仅繁复，而且还需要饱学之士来担纲主持。古代大的藏书机构往往要设专职人员从事校勘工作，如六朝隋唐时期官府藏书机构中专有校书郎（唐代还有正字）一职。文本校勘法的宗旨在于求文献内容的真实性，这在当代文献整理、知识组织工作中也具有重要意义。凡馆藏珍善本、手稿的整理出版，利用古文献资料从事专题服务，确定入藏文献不同版本的优劣，以及把纸质文献的知识内容数字化等，均需要使用校勘的方法。校勘的方法主要有四种，它是我国历史学家、宗教史学家、教育家陈垣先生在借鉴前人经验并经校勘《原典章》而总结出来的，即对校法、本校法、他校法、理校法。

（1）对校法。以同祖本与别本比较文字异同。前提是先确定祖本底本，然后应择好别本作为参校本。对校法主要是校对异同，不校对是非，遇有不同之处，则注于其旁，照式录之，不参己见。

（2）本校法。以本书前后内容互证，抉摘异同。用本书的行文风格、知识表述特点等各种资料校勘本书。此法亦用于在没有得到同书异本（如祖本与别本）之前。

（3）他校法。以他书来校本书，即对校、本校不能解决问题，而求之他书。

（4）理校法。用推理、演绎来校书。凡遇无本可据或数本互异无所适从时，则应依情理断误。

（二）文献的组织、检索法

1. 采集的方法

现代图书馆都有文献采访部门，如果说文献采访还有科学方法，恐怕会引起许多人的怀疑。然而事实上，文献的采集是必须讲究科学方法的。在古代，由于文献量不多，一般来说，国家藏书往往是采用完全采集法，只要是有的文献，基本上都尽量收集齐全。现代以来，由于文献量剧增，完全采集法已不适用于图书馆，于是选择采集法也就应运而生了。19世纪末欧美图书馆界流行的两种图书采访思想，即价值论与需要论，两者均属于选择采集法理论。价值论主张采访图书应选取内容优秀的图书，而需要论则认为应选取读者需要的图书。当代文献浩如烟海、信息泛滥，知识污染已为常见，因此，选择采集法的通行是一种历史必然。但如何选样，却大有文章。目前已发展为图书馆学的分支学科——文献采访学（图书采访学），即研究图书馆读者需求与觅求、选择、采集图书的矛盾产生、发展规律的科学。

2. 分类的方法

分类有区分、类集的功能，它既是认识、区分事物的一种逻辑方法，也是组织、管理事物的实用方法。拥有众多事物的大型集合体，如博物馆、超级市场等，其物品的组织和管理通常要采取分类的方法。自然事物的分类是十分复杂的，而人工事物的分类则更加复杂。因为自然事物虽然众多，但它们的存在有相对稳定的底数，人工事物出于人类之手，随时以新面目纷出杂陈。作为人类知识与信息记录的载体——文献，其复杂程度远远超过了某类自然物。因此，文献的分类方法也就发展成最为复杂、精密的一种事物分类法。图书馆只有对众多文献进行科学分类，才能组织成一个合理、严密的有序集合，才能让读者能够快速检索与获取文献。图书馆对文献进行分类的依据有两个：一是文献分类法；二是分类法的使用规则，即分类规则。所谓文献分类法，就是以分类体系为工具，根据文献所反映的学科知识内容与其他显著属性，按照分类规则分门别类、系统地组织与揭示文献的方法。

由于时代不同，古今文献分类法存在较大差异。我国古代使用的四分法（经、史、子、集），虽然主要是依图书内容知识体系不同来分类的，但也有按图书形式（如集部的划分）来分类的，这与现代图书分类法依文献所属科学知识体系分类的方法有一定的差别。一部书进入图书馆，成为整个藏书体系中的一分子，必须经过分类加工，即由分类馆员依照分类法（分类表）赋予它一个分类号，这个分类号应有明确类目之间隶属、并列以及描述某些类目含义的作用，它决定了该书在图书馆整个分类体系中所处的位置。但是，一本书有了分类号，在排架时还会产生一个问题：如果同分类号的书有很多种，那么这本书的位置应该在哪里？于是就引入了"书次号"的概念，书次号是确定同类书不同排列次序而编制的号码，如著者号（按照著者名称取号）、种次号（按照同类书到馆的先后顺序取号）。分类号与书次号组合在一起共同形成了一本书的索书号。

分类法是用于分类图书、组织藏书、检索图书的，当代的图书分类法已超出图书馆界限，广泛应用于非图书馆领域，如各种工具书的编纂、网络数据库的组织等都在使用图书分类法。未来的数字图书馆建设同样离不开图书分类法的应用。

3. 主题法

主题法是以文献的主题词（文献论述的中心概念或概念组合）作为检索标识，以字顺等为检索途径，通过参照系统揭示彼此关系的一种标引、检索文献的科学方法。

4. 文献检索的方法 —— 目录查检法

目录查检法就是通过款目（书目记录）的编制、组配，从书名（题名）、著者（责任者）、分类、主题等多方面向读者提供选择与检索文献途径的方法。图书馆通过设置多样性的目录体系来解决丰富的馆藏文献与特定读者需要之间的矛盾，这是目录查检法的精髓所在。款目是图书馆目录体系建立的基础。图书馆馆员为每一种到馆的新书进行编目，一种书一条记录，揭示该书的题名、责任者、分类、主题、出版者、尺寸、附录、ISBN/ISSN号与价格等方面的信息。这一条书目记录就形成了一个款目，给款目配以不同的标目，就形成了不同性质的款目，如配以题目标目，就形成了题名款目，配以分类号，就形成了分类款目。将各种性质的款目按标目集中排序，就形成了不同性质的目录体系。如将众多的题名款目按题名的字顺笔画排列，就形成了题名目录体系。图书馆的目录体系主要有四种，即题名目录、责任者目录、分类目录和主题目录。这是传统的目录体系，载体是目录卡片。

机读目录，即以代码形式和特定格式结构记录在计算机存储载体上，能够被计算机识别并编辑输出书目信息的目录形式。与卡片目录相比，机读目录体积小、容量大，检索速度快且准，而且可以同时满足多人查检以及远程检索等，便于集中编目与联机检索。借助于网络技术，图书馆的机读目录已经联网形成了"联机公共目录查询系统"，读者可以从网上远程查找和借阅图书馆的书籍。每一条书目记录可以包含比传统目录更多的检索点，除了传统的题名、责任者、分类、主题四个入口外，还可以进行截词检索、关键词检索、布尔逻辑检索、定题检索、文献类型检索、ISBN/ISSN 号检索、出版地检索、出版时间检索、出版单位检索、丛书检索等。

（三）文献的计量、分析法

1. 文献计量法

文献计量法是从数量角度出发，利用数学、统计学工具揭示文献信息的数量关系、分布结构、变化规律的一种科学方法，又称为文献计量学。其主要应用范围是探讨和发现文献增长规律以及文献老化、文献分布、著者分布、主题分布等现象和规律。下面举三个例子来说明文献计量法的应用。

（1）核心期刊的测定。1934 年，英国图书馆学家布拉德福（S. C. Bradford，1878—1948）根据文献集中与离散规律提出，某学科的大量文献相对地集中在少量的杂志上（核心区），而剩余的文献则依次分散在其他大量相关杂志上（非核心区）；核心区期刊和相继各个非核心区期刊刊载的论文数相等，数量呈 1：a：a^2 的关系（a 是个常数）。北京大学图书馆编制的《中文核心期刊要目总览》主要依据就是上述布拉德福定律。后来，图书馆界将核心期刊认定为那些发表该学科或该领域论文较多、使用率（含被引率、摘转率和流通率）较高、学术影响较大的期刊。核心期刊在我国图书馆最初起的作用是指导图书馆采购期刊，即利用有限的经费建设优质馆藏，保障读者能阅读到专业论文最集中的期刊。20 世纪末，核心期刊演变成为评价期刊优劣、论文水平高低的标准，广泛应用于项目申报、职称评定、研究生毕业等方面。

（2）文献老化的测定。文献老化是指文献随其"年龄"的增长，逐步失去了作为知识或情报的价值，以及因此越来越少地被科研工作者所利用的过程。测定文献老化的工具有两个，一个是文献的半衰期，另一个是普赖斯指数。文献半衰期是由美国科学家贝尔纳（J. D. Bernal）于 1958 年提出的，后伯顿（R. E. Burton）和开普勒（R. W. Kebler）给出了一个具体定义与能够计算的数学方程式。按照伯顿、开普勒的观点，文献半衰期是指某学科（专业）现时尚在利用的全部文献中较新的一半是在多长时间内发表的。如某学科发表的成果，它们所引用的全部文献中的 50% 是在近 10 年内发表的，那么该学科文献的半衰期是 10 年。伯顿、开普勒曾计算出数学文献的半衰期是 10.5 年，化学是 8.1 年，物理是 4.6 年，机械制造是 5.2 年，化学工业是 4.8 年等。

普赖斯指数是由美国学者普赖斯（Derek John de Solla Price，1921—1983）于 1971 年提出的，指在某一学科领域里，把对发表年限不超过 5 年的引文数量同引文总量之比作为指数，用于衡量文献老化的速度与程度。这一指数被称为普赖斯指数。普赖斯指数越高，说明文献使用的材料越新颖，半衰期就越短，文献老化就越快。一般情况下，新兴学科的普赖斯指数高于成熟学科。各学科的普赖斯指数平均值均大于 50%。这一方法既可用于测量某领域的全部文献，也能用于评价期刊、某机构甚至某位作者、某篇文章。我们可以根据文献老化的快慢，来判断学科发展的速度，制定图书馆馆藏文献的发展策略以及剔旧原则。

（3）文献作者分布的测定。衡量一门学科的发展，有两个重要的指标：一是在这门学科中所发表的文献；二是发表这些文献的科学家群体。从文献计量的角度探讨科学家的著述规律及其科学文献之间的数量关系，是文献计量学研究的重要内容之一。1926 年，美国科学计量学家洛特卡（Alfred J. lotka）经过统计研究，提出描述科学生产率的频率分布规律，即写两篇论文的作者数量，大约是写 1 篇论文作者数的 1/4（$1/2^2$），写 3 篇论文的作者数量大约是写 1 篇论文作者数的 1/9（$1/3^2$），也就是说，写 n 篇论文的作者数量大约是写 1 篇论文作者数的 $1/n^2$。所有写一篇论文的作者所占比例大约是 60%。洛特卡定律不仅揭示出科学生产率的不平衡性，也揭示了科学文献按著者分布的规律。

2. 文献分析法 —— 引文分析法

众所周知，任何一种科学文献都是借鉴已获得的研究成果而形成的，这种借鉴一般又是通过引用文献（即引文）来表现的。英国学者兹曼（J. M. Ziman）说过，没有一篇学科论文是孤立存在的，它是被嵌在某学科的文献系列之中的。引文分析法是运用数学、统计学方法定量地研究文献引用与被引用的现象，以求寻找某些有价值的知识规律的方法。引文分析法主要有三方面的功能：其一是评价功能，因引文分析具有精确性、可靠性，它可以用来评价学术成果（著作、论文乃至期刊等）的影响力。其二是发现功能，因引文分析可以发现文献与文献之间的内在联系，进而可以揭示出期刊与期刊、学科与学科之间的内在联系。其三是检索功能，因引文分析可以依主题将所有相关引用文献目录信息聚合起来，所以它可以建立由引文入手的检索渠道。

引文分析法的应用，主要有三种类型：

（1）影响因子分析法。影响因子（Impact Factor）是在一定时间内期刊论文被引用量与可引用论文总数之比。其公式是：

某年某刊影响因子＝该年引用该刊前两年论文的总次数／前两年该刊所发表论文的总数

之所以将统计时间定在前两年，是因为普赖斯的"研究峰值"说认为，在一般情况下，科学论文在发表后的两年间，其被引数量达到最大值。影响因子分析法不仅可以用来衡量不同期刊的学术影响力，而且可以用来衡量一个专家、学科的学术影响力，其应用范围比较广泛。

（2）自引分析法。自引是引用文献时常见的引文方式。如某一作者的论文引用自己以前的文章，就可称为同一作者文献的自引。同理，某一学科文献引用本学科的文献，就可称为同一学科文献的自引。自引类型分作者、机构、期刊、学科、地区、语种等方面的自引。进行自引分析通常要先算出"自引率"。自引率的公式如下：

自引率＝自引文献的次数／引用文献的总次数 ×100%

一般情况下，学科自引率大，说明该学科比较成熟、稳定，相对独立性较大，但同时也反映出该学科较少吸收外界成果（吸收能力弱）。除了自引分析外，还可以进行他引分析。

（3）引文索引编制法。由于文献与引文之间、引文与引文之间有着某种内在的联系，那么根据这种内在联系建立的"引文链"和"引文网络"就能供研究者进行文献深度追踪检索。1961 年，根据美国学者尤金·加菲尔德（E. Garfield）提出的引文思想而创刊的《科学引文索引》（*Science*

Citation Index）就是通过引文进行文献深度追踪检索的著名检索工具。目前，中国图书馆界普遍使用的中国期刊网也具备这种引证关系来查找文献的检索功能。

（四）文献的导读、咨询法

1. 文献的导读方法 —— 提要揭示法

提要揭示法是用简要文字叙述文献要点以揭示其内容的一种导读方法。在中国古代，提要又有叙录、解题之名，它们都是对某一单元文献内容进行浓缩、精练而述其梗概的简短记录。古代提要主要有以下几种体例：

（1）叙录体。《汉书·艺文志》载刘向校书，"每一书已，向辄条其篇目，撮其旨意，录而奏之"。刘向校书形成的提要（叙录）就是叙录体。叙录体提要基本上含有四个内容：厘定篇目，记述校雠，介绍作者，撮其书旨。清代的《四库全书总目提要》，是叙录体提要的集大成者。

（2）传录体。传录体是以介绍作者生平活动及著述情况为主的一种提要体例。目前可知最早的传录体提要是荀勖于晋初编定的《文章叙录》，该书作为较早一部著作家的著述书目，早已失传，今仅从《三国志》注和《世说新语》注中尚能看到其零星佚文。

（3）辑录体。辑录体是抄集序跋、史传、笔记等有关资料形成的一种提要体例。梁释僧祐编佛教经目《出三藏记集》时已有此体，后来元初马端临的《文献通考·经籍考》、朱彝尊的《经义考》使辑录体提要得以发扬。

（4）释录体。释录体提要就是"解题"一类的提要，专门用于解释作品题目的含义，以使读者能顺利"破门而入"。释录体提要出现在南北朝时期，主要流行于唐代及其以后。

2. 文献的咨询方法 —— 参考咨询法

参考咨询法就是馆员解答读者各种问题的技巧和方法。信息源、咨询人员和读者是参考咨询的三要素，而咨询方法就是将此三要素有效组合起来的基本手段与方式。

需要指出的是，咨询不仅是一个结果，而且还是一个过程。因此，决定参考咨询的关键因素不是技术条件而是方法，不是馆藏是否丰富而是馆员的经验是否丰富。商业意义的咨询，其从业人员与会计师、律师、医生类似，越"老"越"值钱"，这就是一个富有意味的佐证。

二、一般科学及哲学的方法

一般科学方法是大多数学科都适用的科学方法。图书馆学中目前最常使用的一般科学方法主要有调查分析法、观察实验法、数学方法、逻辑方法、系统方法、历史方法、比较方法、哲学方法。

（一）调查分析法

调查分析法是在自然条件下通过询问被调查对象（个人、群体），从而获取事实材料并加以分析统计，得出某种结论的科学方法。调查分析法从其方式上可分为口头调查法（谈话法）和书面调查法（问卷法）两种，从其调查范围上可分为全面调查法、抽样调查法、典型调查法等。在欧美国家，无论采用哪种调查分析法，最后形成的调研报告都应严格地具备以下结构要素：①选题背景与位次。②假说的提出。③概念的测定。④定量分析的测定。⑤研究方法。⑥分析结论。⑦结论。⑧各种论据与引证的检测。调查分析法能获得大量原始资料，因而在人文社会科学研究中是被长期、普遍并有效使用的方法。

调查分析法在图书馆学领域的应用很广，如用户需求研究、用户行为特征研究、用户对图书馆工作的评价研究、馆员培训需求研究等。随着计算机技术的飞快发展以及网络的出现，社会调查方法也出现了新的方式——网络调查。网络调查的优点有：①调查成本低，可避免邮寄和回收问卷的费用支出。②调查速度快，可迅速得到被调查者的反馈。③隐匿性能好，可使被调查者的心理防御降至最低限度。④具有互动性。当然，网络调查也有缺点：首先，样本的代表性会受到质疑。其次，被调查者身份的客观性也存在疑问。目前，因网络的普及率和上网费用、速度等因素的影响，这些问题仍不能得到令人满意的解决。但我们有理由相信，随着网络的普及、网络技术和网络调查机制的完善，网络调查一定会获得较快的发展。

个案调研是调查分析法中的一种，是对少量（一个或几个）个人、集团、机构等研究对象做深入的观察调研，确定研究对象的属性，解释其属性或特征之间关系的研究方法。个案调研的最大优点就是它可以通过各种不同的数据收集方法（如访谈、实地考察、问卷调研、文献分析等），在研究对象所处的自然情景下收集到有关研究对象的综合信息，形成对研究对象的全面的、细致的认识。其研究结果可以直接用于被调研的对象，也可以作为寻求同类对象一般规律的起点。在图书馆学领域，个案调研经常被用于图书馆管理问题、用户行为等的研究。

（二）观察实验法

1. 观察法

观察法是指通过感官或仪器对自然状态下的研究对象进行考察认识的方

法。观察法是最古老的一种科学方法，有些学科，如天文学、气象学、考古学、临床学、心理学等，都是以观察法为基础发展起来的。观察法分为直接观察（观察者与观察对象间不存在中介物）和间接观察（观察者与观察对象间存在中介物，如观测仪器等）两种。

在图书馆学研究中，观察法的运用也十分常见。如现代图书馆参考咨询部门经常接收到馆读者的各种咨询，图书馆馆员在长期的实践中观察到，大量的读者咨询常常发生在图书馆的一线工作之中（流通部门及阅览部门），而来馆咨询的读者所咨询问题的专指度也有某种规律可循。恰如美国图书馆学家巴克兰德所说："我们发现在图书馆中，人们的正规教育水准越高，质询（咨询）具体文献的倾向越强，因而，对'主题质询'的倾向越弱。"①也就是说，知识素养越高的读者，向图书馆馆员提出咨询问题的专指度越高，反之则越弱。这种读者咨询问题专指度的强弱效应，就是在长期实践观察中总结出来的。

观察法的优点是观察对象在自然状态下的情况能真实表现，较少受环境的干扰，因而观察者能收集到可靠的第一手资料。其不足之处是，观察资料的质量容易受观察者能力、心理因素的影响，并且观察到的资料也有限，往往不易做出概括性的总结。

2. 实验法

实验法是在可控条件下，主动使某种变量发生变化进而对其他变量施以影响，再考察其受影响的结果的一种科学方法。研究者操纵、控制的变量为自变量，受影响而发生反应的变量为因变量。实验研究的一般过程包括：确

---

① 巴克兰德. 图书馆信息科学的理论与实践［M］. 严吉森，译. 上海：复旦大学出版社，1994.

定假设和变量，设计实验过程和实验条件，随机分组，对各组实施不同处理，观察和记录实验结果，对实验结果进行统计分析，解释实验结果，确定自变量和因变量之间的因果关系是否存在，得出结论。

实验法也是图书馆学领域经常采用的定量方法。情报检索系统的设计与评价、情报检索过程中的认知特性研究、用户培训方法研究、图书馆管理方法研究等都是实验方法适用的领域。实验法与观察法的区别是：①观察是一种被动行为，实验法是一种主动行为。②观察搜集的是自然状态提供的东西，实验提供的是自然状态应给的东西。③实验比观察更具严密性、非局限性、简化性、可重复性。当代社会科学的研究也积极使用实验的方法获取可靠的研究结论，因为从根本上说，实验方法是一种实证的方法，对任何学科都具有方法论上的意义。

（三）数学方法

从方法论的角度来看，科学的发展要经历三个阶段：一是描述阶段，即搜集科学事实的材料，使之初步系统化、条理化。二是逻辑分析阶段，即对研究的对象进行定性分析。三是定量分析阶段，即科学认识的质量分析方法和数量分析方法的辩证统一。马克思认为，一种学科只有成功地运用数学时，才算达到真正完善的地步。

所谓数学方法，就是运用数学所提供的概念、处理方式及技巧，对所要研究的对象进行量的分析、描述、计算和推导，从而找出能以数学形式表达事物内在联系的一种方法。

图书馆统计学、文献计量学、书目计量学、用户的调查统计等都是数学方法在图书馆中应用的实例。但是，在大量应用数学方法从事图书馆学研究中，我们还要注意不可使数学"泛化"。第一，要认识到使用数学手段的领域是图书馆学的部分而非全部。第二，数学工具可替人做许多思考、推理，但并不能增减图书馆学原有的"物理内涵"。第三，在进行数学分析时，图书馆学的许多变量不具备数学的清晰度，因此还必须使用其他科学方法辅助研究。尽管数学方法可以提高图书馆学的精确度，但不能使它成为精密科学。

（四）逻辑方法

逻辑方法主要分为归纳法和演绎法。归纳法是从特殊事实中概括出一般原理的推理形式和思维方法。它从个别事物的性质、特点和关系中概括出一类事物的性质、特点和关系，并且由不太深刻的一般到更为深刻的一般，由范围不太大的类到更为广大的类。在研究图书馆业务工作时，用归纳法将个别事实上升为一般结论，应该是研究者努力的方向。

演绎法是从一般到个别，是根据一类事物都有的一般属性、关系、本质来推断该类中的个别事物所具有的属性、关系和本质的推理形式与思维方法。它是证明和反驳的一种有效的逻辑工作。根据推理中前提的数量，演绎推理可分为直接推理和间接推理。直接推理是由一个前提推出结论的推理。间接推理是从几个前提中推出一个结论的推理。演绎法经常用在引进相关学科的理论与方法时，运用相关学科比较成熟的一般原理，去推导科研的个别结论，如读者心理研究、图书馆效益研究等。

（五）系统方法

系统方法要求运用完整性、集中化、等级结构、逻辑结构、信息、控制、自组织、协同等概念，找出适用于一切综合系统或子系统的模式、原则和规律。系统方法已发展成为包括一般系统论、控制论、信息论、集合论、图论、网络理论、对策论、博弈论等理论和方法的体系。用系统论的思想去看待世界的系统观点，早在古代就已萌芽，在中国或古希腊、古罗马的哲学著作中都可以找到证据。在图书馆学研究中，系统方法的应用经历了一个从不自觉到自觉的过程。最初人们对图书馆的看法就包含着系统的思想，如印度学者阮冈纳赞指出："图书馆是一个生长着的有机体。"可见，系统方法对于图书馆学的发展的确起了很大的作用。到了现代，人们更是自觉地应用系统方法分析和研究图书馆活动中出现的一系列问题，把图书馆作为社会信息交流系统中的一个子系统去加以考察。

（六）历史方法

历史方法就是对历史资料进行收集、评价、分析和解释，从而描述和整理过去的人类经验的方法。历史方法的基本特征就是需要对历史资料（如档案）进行系统的收集、整理、核实、考证，在确认数据可靠性和真实性的基础上，对数据加以选择、整理、分析，给出结论。历史方法是研究图书馆史的基本方法。

（七）比较方法

比较方法是在一定的基础上，对相同事物的不同方面或同一性质事物的不同种类，通过比较而找出它们的共同点或差异点，来深入认识事物本质的一种方法。在图书馆学研究中，比较方法的运用是比较普遍的，尤其是专门图书馆学和比较图书馆学研究中应用最多，如两个国家、两个地区的图书馆事业的比较，不同时代图书馆事业的比较，不同类型图书馆事业的比较等。

（八）哲学方法

哲学方法是哲学原理在社会实践、科学研究中的应用，如实事求是的方法、对立统一的方法、透过现象看本质的方法、理论与实践相结合的方法等。哲学方法是以社会实践中问题的提出与问题的解决为出发点和归宿的。

"问题"是学科研究的起点，哲学方法是用来发现、解决学科中的一些重大问题或基本问题（即元问题）的。数学家希尔伯特在 1900 年巴黎第二届国际数学代表大会的演说中曾指出："只要一门学科分支能提出大量的问题，它就充满着生命力；而问题缺乏则预示着独立发展的衰亡或中止。"[①]爱因斯坦也说过："提出一个问题往往比解决一个问题更为重要，因为解决一个问题也许仅是一个数学上的或实验上的技能而已。而提出新问题，新的可能性，从新的角度去看旧的问题，却需要有创造性的想象力，而且标志着科学的真正进步。"[②]

哲学方法在图书馆学中的应用，主要强调的是对问题的反思、批判、追问，尤其是对本学科元问题的探究与解释。我国的图书馆学运用辩证唯物主义和历史唯物主义的哲学方法，取得了一些成果。例如，在图书馆学研究对象的问题探讨中，提出了"矛盾说"和"规律说"的观点，这两种观点在世界范围的图书馆学研究领域中，是具有中国特色的图书馆学理论。所以，图书馆学研究应该从"面向理论"（即以理论为研究客体指向），转向"面对问题"，用哲学方法去探讨图书馆学研究对象、范式特征、学科理论及其终极目的等元问题。只有元问题得到合理解决，图书馆学的发展才能更趋于健康。

---

① 中国科学院自然科学史研究所数学史组,中国科学院数学研究所数学史组.数学史译文集［M］.上海：上海科学技术出版社，1981.

② 爱因斯坦.物理学的进化［M］.李永学，译.长沙：湖南科学技术出版社，2020.

第六节　图书馆学的发展趋势

一、影响图书馆学的社会发展因素

21世纪，社会发展表现出全球化、网络化、知识化等重要特征，这些特征会对社会科学产生巨大的影响力，成为推动（或制约）社会科学乃至图书馆学发展的重要社会因素。

（一）社会发展的全球化

全球化是指世界各国相互之间的活动、影响、合作日益加强，使得具有某种共性的经济、文化模式逐渐普及，并成为全球通行标准的历史状态或过程。社会发展的全球化最初兴起于经济领域。第二次世界大战以后，国际贸易的繁荣促进了国际物流（如集装箱远距离运输）、国际金融（资金、证券等不分昼夜在全球流动）的规模不断扩大。跨国公司、国际市场、国际投资、世界经济组织纷纷涌现。各种经济因素，如能源、资本、技术、劳务、商品在全球范围内的自由配置，致使当今世界各国在经济发展上无不对外部世界形成了某种依赖。尤其是科技进步带来的交通、通信手段的革命性飞跃（高速、高效、大容量），为不同国家和地区人们的交往打破时空障碍提供了积极的支持条件。不同国家和地区的人们相互沟通、影响加剧，共同决策、共同行动的现象增多，社会呈现出相互依赖、共同发展的新局面。

社会发展的全球化趋势，对社会科学研究有着重要的影响。首先，从研究对象上看，世界问题的出现拓宽、拓深了社会科学的研究领域，如环境保护、世界金融一体化、国家之间的贫富差距、人类共同遗产的确定、国际流行病、恐怖主义、国际贩毒等。社会科学有可能在这些全球性"问题域"建立起新的学科生长点。对于图书馆学来说，未来全球图书馆的形成，也将为图书馆学拓展出新的研究领域。目前，这一趋势已初露端倪，如国际图书馆合作项目"追赶太阳"（Follow the Sun）、"合作数字参考咨询服务"（CDRS，Collaborative Digital Reference Service），已经形成了国际性的图书馆参考咨询服务平台。其次，从研究方法上看，全球化的发展趋势导致了整体化思维、复杂性理论的出现。随着人类相互依赖感的加强、盘根错节的整体化结构（经合组织等）的不断出现，全球意识、世界历史也正在形成。因此，社会科学必须从全球广度去思考各种问题，强调社会系统的复杂性，承认各种文化传统中的差异性、互补性，为探索世界各国可通融的方法与理论做出努力。以全球图书馆为例，网络技术与虚拟空间可以消除地理界线，但各国人文界线（制度上的差异与不同观念的敏感性）却始终存在，这是各国图书馆学需要认真研究并加以解决的重大课题。

（二）社会发展的网络化

网络化是指由于以计算机技术、互联网技术、现代通信技术为支撑的信息网络的高速发展，人类社会生活正在发生数字化、网络化变化的状态或过程。

社会发展的网络化，是 20 世纪末由新技术革命所引发的。虽然技术本身不能决定社会进程与社会制度的变革，但信息知识的交流传播是重要的人类活动，因而网络化这种信息处理与传播新方式的广泛普及应用，必将对社会状态、社会运行造成全方位、综合性的改变。一个以数字化网络为基础，以计算机技术、通信技术为工具的新型社会正在出现并将呈现出以下特点：其一，互联网带来了极为浩繁的信息资源，人们能更加全面、及时地获取自己所需的信息知识。其二，互联网使人的交流与交往呈现出"对话性"的特点，人类认识世界的方式也由主客对立式变成了主体际性的形式。其三，网络空间（Cyberspace）创造出来的虚拟现实，扩大了人类实践活动的范畴。其四，网络技术使社会生活呈现出数字化、虚拟化趋势，人的生产、生活方式正在改变，如工作空间变小、电子商务普及、产品与服务更倾向于个性化、家庭生活智能化等。当然，互联网的飞速发展也给社会发展带来了一些负面影响，如社会结构越来越脆弱，信息知识越来越无序和难以控制，不同国家与地区之间的"数字鸿沟"正逐渐加大等。

这一网络化趋势对社会科学研究产生了深刻的影响。首先，从研究条件上看，互联网为社会科学研究提供了丰富的信息知识，如国内外各种人文社会科学文献数据库提供了更多、更完整的研究资料，而为了有效利用这些大量涌现出来的资料，研究人员必须学会新技巧，建立使用信息的新策略，他们对数字图书馆乃至图书馆馆员的依赖也会越来越强。其次，从研究手段上看，网络不仅为社会科学研究者提供了新的写作方式（电脑写作）、协作方式（网上讨论），使"无形学院"内部的新观点、新发现、新材料能即时获取，而且也为学术批评提供了新的途径。最后，从价值认同上看，技术力量在短期内的聚合与裂变，在强化了人们对技术的依赖的同时，也强化了人们对技术的崇拜，人文社会科学的重要价值被某些人忽略。如图书馆学研究者近年对技术表现出的巨大热情，超过了以往任何一个时代，然而他们却很少顾及和讨论技术的后果。

（三）社会发展的知识化

知识化是指社会形态从工业社会向知识社会转变的一种状态或过程。在这种状态或过程中，知识成为社会转型的主要推动力，自然资源、劳动力、资本等传统生产要素的重要地位将被知识取代，知识工作者（Knowledge Workers）将成为社会最重要的人力资源及社会的主体力量。

"知识社会"这一术语在20世纪60年代就有人提出过，但对其做出系统阐述的是美国社会学家丹尼尔·贝尔。他认为，工业社会之后的一个新型社会形态就是知识社会。知识社会是一个变化的过程，是渐进的、非革命性的。这就好像科学在18世纪以前是用于启蒙的，仅具生产意义，是对世界观的评判；到了19世纪，科学除了"纯"科学以外，一部分被凝固成了机器而形成了生产力；而在20世纪，科学日益成为一种"直接的生产力"或直接"述行的"（Performative）力量。知识社会是一个全面运用知识和全民拥有知识的社会。体力劳动减少，脑力劳动增加；知识经济取代物质经济、货币经济，资本形态知识化；劳动密集型产业结束，知识产业迅速崛起，商品知识化，知识商品化；社会运行智能化、网络化，知识管理的应用将大大提高社会组织的效率。在知识社会中，人类会面临许多新变化与问题，如知识可以不分贫富地被人们共享，必将导致政治权力的弱化；产业时代是以机械为变化动因的官僚体制，社会变化速度慢，而知识社会是以知识信息为变化动因，社会变化速度加快；知识信息的发展本身具有不确定性，因此以知识信息为基础的社会发展也会具有不确定性。

社会发展的知识化趋势对社会科学包括图书馆学的影响是巨大的。首先，在研究重点上有关"知识"的命题凸显出来。即随着知识价值得到充分认识与利用，学习知识、传递知识、利用知识、创造知识、共享知识的社会取向和运行机制将逐步建立。终身学习、按需学习会在社会个体之间广泛普及。社会科学包括图书馆学将对知识的社会化与社会的知识化投入大量的研究资源。其次，由于知识生产不是线性的，而是跳跃性的或是无序的，因此多学科合作解决问题的研究方式、方法会得到进一步加强。这将有利于知识、创新及各学科研究潜能的开发，有利于知识生产方式的革新，最终有利于社会综合问题的解决。以图书馆学来说，因其宗旨是为人们获取知识提供最佳工具和方法，因此，面对未来因"知识获取机会非均等性"造成的"非知识群体"问题的出现，图书馆学将与其他人文社会科学共同携手，对此问题进行研究，并寻找解决方案。

二、图书馆学的未来发展趋向

（一）研究重心向知识领域转移

图书馆学研究重心向知识领域转移，这是由其自身学科"知识基因"的遗传与社会发展的需要所推动的。

古代图书馆知识体系是产生于文献整理、文献积累活动中的，而文献的本质就是知识。因此，可以说图书馆学最初是以人类知识活动为基础而逐步形成的，其原始基因来源于"知识域"（对知识进行存储、排序、加工、整理、提炼、传递等活动范畴）。只不过早期社会的知识生产、知识使用的范围太小，仅局限于社会上层（巫师、史官、精神领袖等），因而，由皇室建立起来的藏书楼也仅仅为一小部分人使用，在图书整理基础上形成的图书馆知识体系也不可能扩大并深入民间。但是，近代以来，随着知识积累与传承的效率越来越高，科学技术在社会实践中不断物化，知识已经成为社会发展的巨大推进器，并且开始向日常生活、向社会大众靠近。到了后现代社会，知识将全面、直接地干预人类生活，与社会个体的生存相关联。而且受知识规划的作用影响，人必须与知识权力交往，并被知识本身所统治，不能生产知识就意味着权力与价值的丢失。所以，随着知识价值、知识作用的不断扩大、提高，图书馆学的原有"知识域"也在不断地变化。

我国自 1993 年推进国民经济和社会信息化以来，已取得了明显成效，但知识资源的开发利用仍是目前我国信息化的薄弱环节。未来图书馆学的"知识域"将包含哪些研究范畴呢？从未来发展趋势看主要有以下方面：①知识形式研究。如知识的载体、知识的类型、知识的组分、知识的表达手段和方式等。②知识集合研究。如知识的组织、知识资源的配置、知识的检索、知识的优控、知识集合的管理，知识集合的社会作用等。③知识受众研究。如知识受众需求与服务、知识交流与学习机制、知识建构、知识测度等。

（二）学科发展从细化走向整合

图书馆学在形成之初有两个显著的特点：①它内部知识体系的细化不明显。如中国古代的校雠学融校勘、版本、目录为一体。西方图书馆学则是以书志学为基础建立起来的，如德国齐亚茨科在格丁根大学开设的图书馆学课程就是以书志学为中心展开的。②早期图书馆教育倾向培养学识渊博者。由于古代图书馆知识中夹杂着大量的"意会知识"（即隐知识），因此"师徒相授"的知识传授方式和"学富五车"的人才养成目标成为当时的主流。

上述两个特点，使图书馆学在发展之初就与其他学科表现出某些不同。但这些特点在日后社会科学蓬勃发展的过程中逐渐淡化。因为社会科学发展的表现之一就是其自身不断分化成一门门独立的学科体系，每个学科又包含若干分支领域。后来经过大学教育分科建系的制度化支持，社会科学包括图书馆学，变成了拥有众多系列分支的大学专业学科。1972年美国图书馆协会发表的资料显示，当时美国图书馆学校所开设的必修课程（即分支领域）已多达11门，选修课程更多达64门。学科内部的细化增强了图书馆学的精确性、可操作性和体系的完整性，图书馆学研究也获得了较快的纵深发展。早期图书馆百科全书式的博学者渐渐被一些在分支领域内学有所长的专家取代。

然而，人类社会的统一性，决定了社会科学的整体性。不仅客观世界是一个整体，图书馆学所面对的人类知识也是一个整体。学科内部的细化在提高分支领域的研究效率的同时，也降低了学科整体研究的效率。图书馆学内部结构的协调与平衡、分支之间的联系也遭到了不同程度的损害，甚至图书馆学中的那些讲授不同课程的教师，其知识素养也出现了偏颇，就好像常年工作在流水线上的熟练工人，一组肌肉变得异常发达（手指灵活），而另一组肌肉却萎缩了（腿脚麻木）。近年来，随着社会发展的全球化、网络化、知识化的进程加快，人文社会科学已经充分意识到了整体化研究的重要性。众多研究专题也越来越由影响社会的问题所决定，而不是由某一具体学科来决定。学者们的共同合作也逐渐增多。跨学科研究、多学科解决问题的情况增多，混沌科学、复杂性科学兴起，成为当今社会科学的潮流。

可以预测，图书馆学经过一定阶段的细化发展之后，也会逐渐向整体化、综合化方向转变并呈现以下特点：①一些重大前沿课题将吸引众多学科交叉汇聚一点，形成新的学科生长点。这些课题主要有数字图书馆、网络资源导航、数字化参考咨询、知识的人工智能服务、知识学习与知识建构等。②图书馆学与其同族学科（如文献学、情报学、档案学）的融合进一步加强。因为文献、情报、档案都是知识或能提炼为知识的重要资源，这些同族学科会在知识资源配置、管理、组织、加工、传播等领域形成整合，促使知识资源建设成为一个重要的研究领域。③图书馆学内部的分支学科将在新的研究角度与研究方法的支持下出现整合趋势。如"知识组织"将把传统的文献分类学、目录学、主题法、索引学、检索语言、工具书研究等众多分支整合在一起（同时也保持它们的相对独立性），而"知识发现"将会把情报分析与预测、文献计量学、知识测度与评价等联系在一起。

（三）学术理性由技术倾向人文

从工业革命时代开始，技术进步对社会发展的推动就已显示出巨大的威力。在图书馆学研究领域，技术力量正日益快速地改变着图书馆组织与工作的方式，智能搜索引擎、数字图书馆、网络咨询、电子文献等一系列新事物、新概念的出现让人应接不暇。人们已切身感受到图书馆事业发展面临着一场深刻的革命。与此相关，讨论技术的论著大量出现，图书馆学界对技术的青睐与热情超过了以往任何时代。20 世纪 80 年代初，曾有图书馆学家预言，随着信息技术的飞快发展，无纸化时代即将来临，在 21 世纪，传统图书馆会完全消失。当然，也有人冷静地指出这种说法有些过分。

应该承认，技术进步的确是社会财富的主要源泉，是生产关系改善和社会变革的先导动力，但它并非唯一的动力。而且技术本身确实有"双刃剑"效应。核能可以提供无限的商业能源，但核废料处理和老化反应炉的退役却构成了悬而未决的问题；基因工程能造出抗病毒且富含蛋白的植物以及改良动物，但它也可以制造出生物武器和病原体微生物，打乱大自然生物多样性的平衡；信息技术可以使地球变小，使人们的交流更快捷，但网络也可能成为信息战、强势文化、色情与犯罪的新媒介。人类发明了技术，技术又使社会变得越来越脆弱，给人类带来了新的威胁与危险。而解决威胁、危险的方案只能在技术以外的因素中寻找。恰如德国社会学家马克斯·韦伯所言："技术就像一张地图，它可以告诉你到某一个地方怎么走，但是它并不能告诉你应去什么地方。去什么地方是价值观的任务。只有价值观给出这个目标和方向之后，技术才能指出如何或怎样达到这个目的地。"[①] 因而，社会的进化既要靠硬的动力（技术），也要靠软的动力（价值观），人类的技术理性与人文理性最终要协调发展。

图书馆从其产生之初就是一项人文主义的事业，因为它的工作对象是人类知识及获取知识的社会个体，终极目标是使知识最大限度地发挥作用，使人与社会的发展更合乎理性。所以，以图书馆活动为基础成长起来的图书馆学，无疑也具有人文主义的性质。对此，美国图书馆学家杰西·谢拉早在1976 年就指出："说它是人文主义的，是因为从根本上讲，它研究的是人类思想和伟大探索的文字记录之间的那种微妙的、难以捉摸的关系。"[②] 把图书馆学划分到社会学科，是因为图书馆作为一个部门是社会的产物，它的目的是通过帮助个人了解他自己和他所处的环境来改良社会。图书馆学在其技

① 韦伯.经济与社会［M］.阎克文，译.上海：上海人民出版社，2019.
② 谢拉.图书馆学引论［M］.张沙丽，译.兰州：兰州学出版社，1986.

术和服务方面日益向社会科学和自然科学靠得更近了。但我们最好还是提醒自己记住，图书馆学始于人文主义。否则，过分热心于科学技术和行为学派的社会活动，我们就会看不到个人及其需要和包含在这些需要中的人文主义价值。

由于我国图书馆实践与图书馆学研究在以往主要以"书"或"馆"为中心，因此社会个体常处于被忽略、受限制的地位。技术进步虽然提高了图书馆的工作水平，但这一局面至今仍未得到明显改观，而且经常有激烈的批评见诸新闻媒介。近些年，图书馆学界有识之士不断呼吁重建"图书馆精神"和"人文图书馆学"，表明图书馆学的学术理性正从"技术"转向"人文"。那么，未来这种转向将会出现的特点有：①从研究范畴上看，图书馆学不仅研究知识，也会加强研究知识受众。学科价值将构建于知识世界与知识受众之间的关联之上。②从研究方法上看，图书馆学在努力从经验化向科学化提升的过程中，更加注意从科学化向人文化提升，如不仅强调本学科要有"刚性"特征（实证、量化），也要有"柔性"特征（解读、感悟）。③从学术检验标准上看，社会人群的知识和信念能否得到协调发展、公平发展，将会成为未来学术研究成果的基本衡量尺度。

（四）研究特点呈现理论与应用并重

传统图书馆学将自身的学科内容分为理论与应用两个部分是有其深刻社会历史原因的。从古希腊开始，学术研究就是纯哲学探索与实用技术相分离的，并且前者地位至高无上。19世纪初，德国新建了一批现代化的大学，在这些大学的支持下，德国一跃成为世界科学研究的重镇。大学虽然强调通过科研来生产新知识，教学与科研也建立起了紧密的关系，但德国学术界仍存在一种观念：纯科学与应用技术是相分离的。近代图书馆学产生于德国，在图书馆学建立之初，施雷廷格、艾伯特等早期图书馆学家一般将有关图书的知识和技术的总和视为图书馆学。其中"知识"和"技术"在他们眼里显然是可分离的两部分。19 世纪后期，成千上万的美国人赴德留学，德国的图书馆学思想与教学模式也以这场留学热为媒介传播到了美国。从此，图书馆学理论与应用形成了两种模式，二者之间后来产生的冲突，以及平衡二者关系的努力，一直贯穿于美国图书馆学研究的始终。中国现代图书馆学主要舶自美国，如早期接受过美式图书馆学教育的图书馆学家杜定友，在宣传图书馆学时就力倡图书馆学应包含原理与应用两个部分。他曾说过："凡是成为专门科学的学问，有两个最主要的条件，第一是原理，第二是应用。而应用是根据原理而来的。"此后，中国图书馆学内容就有了理论与应用两分架构形式。

从理论上讲，自然科学可以划分为基础研究与应用研究，但是在社会科学中，这种划分颇有难度。因为任何一门社会学科除了具有"科学性"之外，还具有"实用性"特征，许多社会学科把重点放在了解决超越社会科学学科范畴的具体问题上，试图应付那些复杂的社会问题。不过，在一门具体的社会学科中，却存在基础知识与实用目的之间的差异，换言之，就是存在理论与应用的差异。并且，许多研究者认为，理论是应用的基础，它对应用者有指导作用。20 世纪末，随着科学技术的迅猛发展，现代科学与技术之间的关系越来越密不可分，科学的技术化、技术的科学化的趋势愈加明显。基础研究的发展促进了应用研究的繁荣；应用研究的拓深，又推进了基础研究的创新。甚至某种科学研究既是基础的也是应用的。

这种现象在图书馆学研究中也不乏其例，如近年对元数据的研究，对网络知识导航的研究，以及对人工智能数据库的研究，它们既是人类获取知识的新工具，也是图书馆学原理与方法在更高层面的一种提升。未来图书馆学的理论与实用之间的关系，就像两条向前奔涌流的河流，它们之间有交叉、纵横的水道，有时看似是分离的，有时又会因汇流一处而彼此不分。

在今后的图书馆学研究中，理论研究的价值还是应该肯定的。理论主要促使认识及观念上的变革，应用则面向实践，解决现实问题。未来图书馆学将呈现理论、应用并重的发展趋势：①图书馆学不仅是促进图书馆发展的"馆内"学科，它也会从"馆内"走向"馆外"，变成社会人群主动获取知识的方法论。为此，理论研究将承担起观念转移、原理阐释的指导任务，而应用研究则将通过实证的探索提供具体的工具与方法。②理论研究将通过对真实问题的切入，逐步纠正自身长期以来形成的肤浅化倾向，实用研究也将注重为理论创新提供原料和动力。③理论研究与应用研究将通过国家重大创新工程或前沿课题（如数字图书馆工程、网络资源共建共享、知识要素向不发达地区的流入等）进行有机融合，相互促进，共同发展。

（五）学科建设更加注重本土化

所谓本土化，是指学科发展走符合自身国情的道路。当然，本土化问题现已不仅仅存在于科学研究中。

图书馆学作为一门社会科学也存在如何本土化的问题。由于社会土壤不同、学术传统不同，各国的图书馆学发展路径也不尽相同。如德国图书馆学学术色彩浓厚，英国图书馆学具有管理特点，美国图书馆学侧重实用与技术，俄罗斯图书馆学有着悠久的读者阅读研究传统，印度图书馆学更注重人文关怀等。中国现代图书馆学是在西方图书馆学影响下于 20 世纪初期建立起来的。中国图书馆学在发展之初，就有许多有识之士意识到要走本土化的道路，如 1925 年梁启超呼吁要建设"中国的图书馆学"，1926 年刘国钧先生则称："本新图书馆运动之原则，一方参酌欧美之成规，一方稽考我先民对于斯学之贡献，以期形成一种合于中国国情之图书馆学。"然而数十年来，中国图书馆学仍未养成一种鲜明的特色而在国际图书馆学界独树一帜。进入 21 世纪，中国图书馆学面临着既要本土化又要国际化的双重发展趋势。只有一方面积极借鉴、汲取外国图书馆学的新思想、新方法，另一方面重拾传统，加强本土化建设，中国图书馆学才能走出一条"和而不同"的发展道路。

本土化是未来图书馆学发展的一个重要趋势，这对于发展中国家来说尤为重要。在本土化的建设中，图书馆学研究将在以下方面寻求突破：①加强与本国国情的联系。如中国地广人多，不同地区知识获取机会非均等性逐渐凸显。近知识群体和远知识群体之间的差距将进一步加大，造成新的"知识盲"（识字但无知识专长的社会群体）的出现。图书馆学将从法律、技术等方面寻找可操作的解决办法并为克服这一问题做努力。②加强传统学术资源的挖掘和继承。中国有着悠久的历史和文化传承，古代多次编纂大型类书，有丰富的目录学引导读书治学经验，如何在当代社会条件下重新发扬这些优良传统，以求为公民提供学习知识的工具与方法，这将是十分有现实意义的研究课题。③学习、借鉴国外图书馆学的优良传统。如学习美国图书馆学的先进技术与管理经验，以提高我国图书馆的技术、管理水平；学习俄罗斯图书馆学对读者、阅读的重视，以提升我国公民的知识素养；学习印度图书馆学的人文主义精神，在传播知识过程中引导和鼓励群众对生命持有心身融合的观念。

总之，中国的图书馆学应与社会人群发生紧密的关联，并为他们提供有效的知识援助，同时也应为世界图书馆学的发展做出自己应有的贡献。

第二章　智慧图书馆概述

第一节　我国智慧图书馆建设研究

一、智慧图书馆建设的关键技术

（一）感知识别层技术

1. 传感器技术

应用于智慧图书馆感知层的传感器，主要通过对信号或刺激的接收，使自然环境或生产领域中待测的物理量、化学量发生转换并输出。在物联网环境下，传感器主要用于对物和机器的感知，目前主要有作为视觉的光敏传感器、作为听觉的声敏传感器、作为嗅觉的气敏传感器、作为味觉的化学传感器，以及作为触觉的压敏、温敏传感器等，它们就像是机器的感官，通过这些传感器的使用，可以获得外界的信息。随着智慧地球建设进程的推进，传感器技术已在各行各业得到广泛应用，如环境保护、远洋探测、家居生活以及医学监护等，都综合应用了多种传感器。

2.RFID 技术

RFID（Radio Frequency Identification，射频识别）技术是利用射频信号，

及其空间耦合、传输的特性，自动识别静物或移动物体的一种技术，目前多以芯片的形式存在。如通过对馆内图书、设备、建筑等嵌入 RFID 芯片，就可以减少人工干预，实时监管图书馆内的各项工作，并且根据反馈的实时数据，智能化地采取行动，实现自动化管理，节省资源，如自助借还服务、图书定位、自动盘点等。此外，还可以对读者进行芯片的嵌入，芯片中存储每个读者的个人信息，可以作为其身份的唯一标识，轻松通过馆内服务的识别认证，如借阅情况、学习记录等，都能通过此标识进行确认，为读者提供自助化、智能化的服务。同时，图书馆可以根据每个读者的标识信息，制订个性化的信息资源服务方案。

RFID 是图书馆智慧化的关键技术基础，在智慧图书馆中的应用非常广泛，如照明采光、安全认证、防火通风等，在未来的智慧图书馆建设中，将会更多地用到 RFID 技术。但基于 RFID 需要植入读者标签，这将牵扯到读者隐私保护问题，因此这将是 RFID 应用建设中的最大障碍，需要后续技术的发展，以及政府出台相应的法律政策，保障读者权益，杜绝读者隐私泄露。

3.i Beacon 技术

i Beacon 是苹果公司开发的一套开放性协议，通过低耗能蓝牙技术即蓝牙 4.0 的应用，由 i Beacon 基站发射信号，创建一个信号区域，当携带移动设备的用户进入该区域时，便可通过具备 i Beacon 功能的设备与应用方进行通信。读者携带具备蓝牙功能的移动设备，能够进行信号采集和数据汇总，计算当前坐标，依据指纹信息库将读者定位，然后向服务器发送请求，以获取位置服务。因此，i Beacon 技术的工作过程，大致可分为三个阶段，即连接阶段、数据采集阶段、定位阶段。其具体在智慧图书馆内的应用所实现的功能是室内定位和室内导航。基于此技术，图书馆可以实现个性化的位置服务功能。针对读者，可对其进行精确定位，并基于其当前所在位置，进行信息推送、图书智能检索、向工作人员求助等，精度能达到 0.5m；室内定位、导航功能，比 GPS 更精准。针对工作人员，通过 Unity3D 引擎软件，构建图书馆的虚拟场景，实时获取读者信息、馆区信息，对全境实施动态智能监管。目前，绝大多数的苹果系统和安卓系统的移动设备都可以作为 i Beacon 接收器或发射器，这将极大地方便智慧图书馆内人与人之间的交流，虽然短期内图书馆内诸多 i Beacon 技术应用的设想还不能实现，但 i Beacon 的时代也为时不远。

4. 智能卡技术

智能卡通常是信用卡大小，一种内嵌微芯片的塑料卡。嵌有 RFID 芯片的智能卡，不需要物理接触读写器，便可识别持卡人信息。另外，智能卡之所以智能，是因为卡内的集成电路，主要包括中央处理器、可编程只读存储器、随机存储器，以及固化在只读存储器中的卡内操作系统。因此，智能卡可以在不干扰主机工作的情况下，自行处理大量数据，并通过对错误数据的过滤，来减轻主机的负担。这项技术一般用于较多端口数目、较高通信速度需求的场景。

目前，智慧图书馆内应用的"智能一卡通"，大多是以智能卡技术为核心，通过计算机技术、通信技术将图书馆内的智能设施互联，使其成为一个有机的整体，用户只需一张"智能一卡通"，即可实现最简单的钥匙、考勤功能，以及复杂的资金结算或实时操作某些控制，并可根据需要实时监控及管理各部门，各局部系统、终端可自动收集信息进行归纳整理，以供图书馆系统进行查询和汇总、管理和决策。互联网环境下的智能卡，又可以相互沟通，不仅能实现独立的智能管理，而且可以保证一致的整体管理。如城市公共图书馆之间，通过"智能一卡通"，实现图书的通借通还，真正给读者的生活带来便利，是智慧城市中文化建设的重要组成部分。

（二）数据汇聚层技术

1. 数据汇聚技术

智慧图书馆感知层的微型传感器，通过自组织的方式，形成无线传感网络。通过无线传感网络，对馆内的环境、监测对象进行实时监测、感知以及相关数据采集，获取信息，进而为用户提供智慧服务。由于无线传感器网络存在局限，如有限的能量、有限的计算资源等，需要运用数据汇聚技术，以减少能量消耗，消除数据冗余，达到增加有用信息流、延长网络寿命的目的。

以数据为中心的路由协议，是数据汇聚技术的主流。根据所监测到的原始数据的特征、表现形式，以及未来应用的不同，在不同协议层对数据含义进行理解，汇聚数据，但一般容易丢失大量信息。如信息协商传感协议，主要是在传送数据之前，通过传感器节点之间的协商，不同节点的资源自适应，确保数据传输的效率和质量。在各个节点之间，通过发送元数据进行交流、协商，从而避免盲目使用资源，同时，相对于传输采集的数据而言，传输元数据又可极大地节省能量消耗。另外还有定向传播路由、基于簇的层次路由协议、基于平衡汇聚树的路由协议等，都可以达到数据汇聚的目的。

聚集函数，主要包括 COUNT（计数）、AVG（平均值）和 SUM（求和）等。由于感知层的传感器节点空闲时多处于关闭状态，接到指令或监测对象出现时才产生传感数据，因此，感知层获取的数据具有阵发性、持续性、不可预知性等特点，可以与流数据类比，处理方法也可参照流数据，即与事件相关的时空查询。聚集函数的使用，虽然可以节省能量，但数据的原始结构发生了很大变化，故存在一定的弊端。

2.Ad-hoc 技术

Ad-hoc 技术是一种点对点的模式，P2P 的连接，类似于直线双绞线。Ad-hoc 是一种特殊的无线移动网络协议，即在网络中没有中心控制结点，每个结点地位相同，形成对等式的网络，每个结点能够进行报文转发，并且具有普通移动终端的功能。同时，因为所有结点可以自由加入、离开网络，所以，某一结点发生障碍，整个网络仍能正常运行，即有较强的抗毁性。Ad-hoc 网络不依赖任何预设设施，而是在分层协议、分布式算法的基础上，各个结点协调各自的行为，结点开机后，会自动形成一个独立的网络。另外，不在同一覆盖范围内的结点通信时，只需要普通的中间结点的多跳转发，不需要专用的路由设备。

Ad-hoc 技术的主要应用有两个，即传感器网络、个人局域网。智慧图书馆中的传感器网络，多使用无线通信技术，但因为体积、节能等因素限制，传感器的发射功率一般较小，无法与控制中心进行通信。而分散各处的传感器作为结点，可以组成 Ad-hoc 网络，进而实现多跳通信。应用了 Ad-hoc 技术的个人局域网，可以实现用户平板电脑、手机等的相互通信，还可以像蓝牙技术中的超网，实现个人局域网之间的多跳通信。

3. 传感器中间件技术

中间件是一个软件层，介于底层通信协议、各种分布式应用程序之间，主要作用是使软件模块之间建立一种互操作机制，屏蔽底层复杂、异构的分布式环境，为上层应用软件提供运行、开发环境。基于感知层的应用特征，传感器中间件提供一种开发平台，主要用于隔离物理网络、上层应用。图书馆内的设备因为来源于不同的制造商，造成通信协议、数据格式不同，便可通过传感器中间件技术，提供统一的数据处理、网络监视，以及服务传送接口。面对图书馆感知层的复杂结构，以及大规模应用开发需要，中间件技术能够提供通用的视图、开发接口，帮助简化开发过程，进而提高效率。

在智慧图书馆的建设中，基于物联网的大规模网络构建，各类图书馆应用的开发，甚至整个中间体系结构，都要综合考虑开发需求和传感器的特点，即感知层不同传感器的特征，以及应用服务层所要实现的服务目标。同时，还要考虑中间件的模型、角色构建。图书馆内的传感器中间件技术，在物联网网关的支撑下，以细粒度调整不同感知设备的功能，配置分布式应用。另外，通过结点的可编程性，以及任务的重新调度，使结点侧、网关侧相互关联，传感器中间件以其特殊的结构特点，能够以服务的形式满足这一要求。因此，传感器中间件技术在智慧图书馆建设中发挥着承上启下的作用。

（三）网络传输层技术

1.移动通信技术

随着便携式个人通信设备的广泛应用，图书馆用户对短距离的无线网络、移动通信有了更高要求，如无线局域网技术、蓝牙技术、Wi-Fi 技术，以及超宽带（UWB, Ultra Wide Band）技术、Zig Bee 技术等，以其各自不同的技术特点，在需要的场合发挥作用。图书馆智慧性、泛在性的实现，必然离不开无线网络技术。

Wi-Fi 技术又称为无线保真技术，是一个高频无线信号。目前，图书馆基本实现 Wi-Fi 全覆盖，且绝大多数的智能手机和平板电脑、笔记本电脑，都可支持无线保真上网。因此，图书馆用户通过携带的笔记本电脑、平板电脑、手机等，都可以通过无线连接上网，进而实现馆内各种用户数据的汇聚、整合。Wi-Fi 技术以其独特的优越性，已成为应用最广的技术之一。UWB 技术不同于带宽较窄的传统无线系统，如蓝牙、WLAN 等，UWB 能在宽频上发送低功率脉冲，因此具有较强的抗干扰性，并且在室内无线环境应用中具备很好的性能，同时还具有较高的传输速率、较大的系统容量等特点。Zig Bee 是一种无线传输协议，Zig Bee 技术具有可靠安全、复杂度低、功耗小、低速率时延短，以及网络容量大、成本低等特点，成为无线传感网络的关键技术。因此，电子设备之间的数据传输，特别是周期性、间歇性、低反应时间的数据传输，为实现短距离、低传输速率、低功耗的目的，多应用 Zig Bee 技术。智慧图书馆内基于 Zig Bee 技术的应用也很多，主要是用于实现馆内的智能消防监控系统。

目前，绝大部分图书馆已实现无线互联网全覆盖，并在此基础上推出各种移动服务，读者可通过自己携带的移动设备，如手机、笔记本电脑、平板电脑等，登录图书馆主页，使用图书馆的服务。随着生活节奏的加快，微阅读成为大势，各大高校图书馆的"手机图书馆""移动图书馆"也应运而生。SMS 服务、WAP 服务、APP 服务、网络广播服务等被读者喜爱，并广泛使用。如中国国家图书馆的手机图书馆——掌上国图，不仅能够查看轮播消息、公告新闻，还可以使用服务和资源。随着 5G 技术的稳步发展，未来图书馆中的服务建设将更加的智能化、多元化。[①]

———————————

① 陈荣端.浅谈我国城市智慧图书馆建设［J］.智能城市，2021，7（12）：49-50.

2. 异构网融合技术

异构网融合，是指电信网、互联网及广播电视网，在宽带通信网、下一代互联网和数字电视的发展中，通过技术改造，使这三大网络的功能、业务范围趋于一致，从而实现网络互联、资源共享。智慧图书馆的物联、协同，是通过泛在网实现的。智慧图书馆的泛在网，主要包括两方面：能够实现人、书、设备和场馆之间互联的物联网，能够实现服务参与方之间数据交换的数据互联网。智慧图书馆通过异构网的融合，实现多种网络通信技术的集成，进而实现在任何时间、任何地点为任何用户提供任何图书馆的任何信息资源的泛在智慧服务。

随着全国范围内异构网融合技术的发展和投入应用，图书馆建设中已出现成功应用异构网融合技术的案例，如杭州市图书馆——文澜在线。异构网融合之后，一方面，图书馆用户可使用的上网终端将更多，用户对图书馆资源的访问，如数字文献、多媒体资料以及数字期刊等，不受网络形式和地域限制，在任何地方都能通过多种设备访问资源；另一方面，不同网络间的互联互通，不仅使各部门业务上能够渗透合作，而且统一通信协议的使用，使图书馆资源的共建共享变得更加便利。

3. 虚拟专用网络技术

VPN（Virtual Private Network）是一种虚拟专用网技术，通过互联网服务提供商和其他网络服务提供商，利用隧道技术，遵循一定的隧道协议，在公网中建立私有专用网。通俗地讲，VPN是指接入互联网的两个或多个机构，因所处地理位置的不同，通过对通信协议的特殊加密，在他们的内部网之间，建立一条能够通信的专有线路的技术。智慧图书馆运用VPN技术构建虚拟化的图书馆内部专线。

虚拟专用网络不同于公用网络，是对通信进行加密。信息化时代，知识情报变得异常关键，加之 VPN 低成本、易使用的显著特点，使其在企业网络中应用非常广泛。VPN 网关，主要通过两个方法实现远程访问：对数据包加密，转换数据包目标地址。按照应用的不同，可将 VPN 进行分类，有远程接入 VPN、内联网 VPN、外联网 VPN 三种。针对图书馆内部存在大量的数字信息资源、设备资源，以及泛在环境下用户的个人信息等资源，并且不间断在各用户与用户之间、用户与馆员之间进行流动，这就需要能够保证信息安全的专用网络发挥作用。

4. 数据管理与存储技术

智慧图书馆中数据的显著特征是：数据增长迅速，总量较高；开放性致使数据需 365×24 小时保持就绪状态；完全开放，只受安全机制管理。为提供智慧化服务，图书馆需要建立各种关联数据库，用于存放不同来源和用途的数据。对于海量智慧数据的管理，需要基于语义网的内容管理、元数据存储和检索技术，以实现数据资源的智慧化。

语义网是一种智能网络，是一种个性化的网络，它不仅可以理解词语、概念，还能判断词语之间的逻辑关系，根据用户的喜好，自动过滤掉不可靠的信息，提高了交流的效率和价值，用户在使用中可以对其高度信任。目前，在语义网实现技术的研究中，RDF（Resource Description Framework，资源描述框架）、Ontology（本体）是研究的热点。内容管理不同于传统的资源管理方式，是基于组织机构内部资源的有序化管理过程，根据其格式、媒体类型的不同进行组织、分类、管理。

元数据检索技术，首先按照文件要求，把数据资源划分成块进行管理。划分成固定大小数据块的文件，在 DHT（Distributed Hash Table，分布式哈希表）网络的节点上分散存储。元数据描述，不仅是系统的语义基础，更是数据资源语义化的基本方式。利用元数据收割工具，从图书馆系统结点中，将元数据采集并提取出来进行处理、整合，然后保存在元数据库中，通过元数据注册系统的使用、查询、映射、转换元数据，以便上层进行元数据检索。

（四）应用服务层技术

1. 云计算技术

云计算，是一种超级计算模式，因其云状的拓扑结构图而得名。远程云计算数据中心里，大量的电脑、服务器相互连接，形成一片电脑云，通过系统资源的划分，为需要处理资源的单位动态分配计算机资源。作为一种新兴的共享基础构架方法，云计算的目的是实现更加安全、更低成本的 IT 服务。目前，国外的 IBM 和亚马逊等公司，国内的无锡软件园、中化集团等机构或公司，都成功建立了自己的云计算中心。

云计算最基本的特性是虚拟化、整合化和安全化。一方面，面对大规模的数据存储，TB 甚至 PB 级别，需要海量信息处理能力，智慧图书馆利用云计算，可以轻松地进行智慧信息处理，而且对于数据的应用，灵活建立跨单位的语义关联，对用户终端发出的需求，进行智能化回复，用户无须了解复杂环境，便可简单、随意地利用资源。另一方面，云计算可以有效地解决"数字图书信息孤岛"问题，通过将数字图书资源链接至云中心，形成一个数字资源的"虚拟资源池"，用户借助云计算，在虚拟资源池中进行检索，从根本上打破传统图书馆之间的"信息壁垒"。智慧图书馆作为海量数字资源的存储基地，云计算的出现，特别是云存储技术的应用，为其实现各种方便、快捷、高效的智能化服务，提供技术支持。

智慧图书馆应用云计算服务，如基础设施服务、平台服务、软件服务等，都可直接从云计算提供商处获得。分析当前学者们的研究可知，目前，云计算在图书馆内的应用，主要通过两种方式：租用云计算服务，构建基于云计算服务的平台。租用服务在提高图书馆计算服务效率的同时，能节省更多的人力、物力、财力等资源，充分提高了智慧图书馆的运作、服务效率，因此应用更为广泛。

2. 数据挖掘技术

数据挖掘，顾名思义是从一堆数据中挖掘出有价值的知识的过程。严格来讲，是从大量模糊的、随机的、不完全的数据库中，提取出人们预先未知的、有价值的、潜在知识的过程。数据挖掘的过程较复杂，但大致可分为主要的三个阶段：数据准备→数据挖掘→结果分析。数据挖掘的方法较多，如关联分析、预测建模、聚类分析、异常检测等。另外，对于同一个挖掘方法又可以有多种算法，因此实际应用中就较灵活、多变，具体问题具体分析。大数据环境下，海量的数据资源使数据挖掘技术成为公司企业、单位机构发现知识的重要工具。

作为大量信息的存储机构，随着信息技术的应用，图书馆内的资源变得更加丰富，在智慧图书馆环境下，不仅有知识资源，还有用户的身份信息、借阅记录等，这些都属于结构化的信息。另外，还有用户的行为痕迹，如检索方式、存储行为等，这些属于半结构化或非结构化信息。但无论是结构化、半结构化，还是非结构化数据，都是静态存在的资源，要实现智慧化、泛在化，就要通过数据挖掘技术，将各种数据动态串联，以挖掘其深层次的价值。如运用数据挖掘技术，综合分析用户的学历、年龄，以及检索历史、借阅情况信息，可以判断用户的阅读偏好，可主动推送满足其喜好的信息，为用户提供个性化服务。还可通过数据挖掘技术，分析有相同偏好的用户群，进而向该群体主动推送书目信息，变"一人独占"为"群体共享"。此外，对新注册的用户，按照其年龄、专业等信息，推断其可能感兴趣的书目，并主动推送或方便用户分类定制、个性化检索等，使图书馆服务变得智慧化、个性化。图书馆运用数据挖掘技术还可研究其用户群的变化，预测未来发展等，以便及时做出决策。

3. 主动推送技术

信息推送技术，是遵循一定的技术标准或协议，以用户为中心，根据用户在终端设置的个性化需求，服务器主动将符合要求的信息发送到用户终端供用户随时查看、使用。因此，信息服务方式有较强主动性，服务内容有较强的针对性。

在传统邮递服务的基础上，在 Web 信息传送中引入"订阅"概念，是信息推送技术的一大特点，通过用户的订阅，主动为用户传送数据。信息推送服务系统由三部分构成：①用户需求管理数据库。根据用户填写信息需求表，由服务器进行统计分析，建立用户需求数据库。②信息数据库。建立信息库，根据用户需求从 Web 上收集信息，并分类、整理，制定个性化的信息标准，确定信息都能依照标准进入信息库。③服务器信息推送（PUSH）。作为第三代浏览器的关键技术，能有效缓解信息过载。

不同于传统图书馆的被动服务，智慧图书馆最显著的特点之一是主动服务，这就离不开信息推送技术的支持，且推送的信息不仅专业性极强，而且有较高的专指性、针对性，在提高图书馆资源使用率的同时，又减轻网络传输负担、扩大用户范围，实现真正意义上的泛在服务、智慧服务。

4.机器人技术

机器人是一种能够自主控制、自给动力执行任务的机器，是人工智能的一种。它综合运用了多种学科，如仿生学、机械电子科学，以及材料科学、控制论理论、计算机科学等，是将科学技术应用于实践的产物。

目前，根据各行各业的需求，具备不同功能的机器人应运而生，有适用于军事活动、工业生产的，也有适用于医疗救助、农业劳作的。机器人的投入使用，不仅节省了大量资源，更以其较高的工作效率取得了显著的效果。图书馆也在发展变化中应用此技术，虽然尚未有较成熟的机器人技术应用，但机器人技术的引入，必将提高图书馆的智慧化程度，减少馆员的劳动量、劳动时间。例如，在保安保洁岗位、迎宾岗位，以及报刊信件签收分发、信息咨询等岗位，设置具备相应功能的机器人，在解放馆员劳动力的同时，还起到事半功倍的效果。但是，任何事物的出现都有两面性，机器人引入图书馆各项工作中，虽然能带来便利，但会造成一定的经济、社会问题，需要考虑其解决措施。

二、智慧图书馆建设的原则与内容

（一）智慧图书馆建设的原则

1.标准化和规范化原则

智慧环境下，图书馆信息的采集和加工、传播和利用，都是以网络为依托的。"无处不在"的互联网，对于图书馆建设的便利性是不言而喻的，但若要形成全国范围内的图书馆事业体系，甚至全球范围内的共建共享，统一的标准和建设规范是必不可少的。由此可知，标准化和规范化会直接影响智慧化建设的成败。如国际上通用的数据格式标准规范，统一的网络通信协议，符合行业标准规范的设备等，统一的标准、规范、协议，以及可兼容的软硬件，在数字资源系统建设、技术平台构建、信息服务系统开发等过程中，都是至关重要的，在图书馆系统互联互访到其他系统的智慧化建设中，发挥着不可替代的作用。换言之，智慧图书馆的未来建设，及其功能服务更好地实现，必须建立在统一的标准、规范基础之上。

2. 开放性和集成性原则

未来智慧图书馆的发展，将为读者提供智慧化程度较高的个性服务，同时，读者能够互动式或自助式地参与图书馆的服务与管理。在移动互联网的基础上，信息的创建和处理、传输和搜索，都会实现难以想象的高效和便捷，图书馆馆员不再是唯一的信息制造者和发布者，读者也将成为信息数据的创造者，使信息的扩散更加迅速，信息在"图书馆—读者"之间的流动更加快速且直接。智慧图书馆为用户提供的微信互动、微博分享，网上联合知识导航站，以及电话预约、就近取书等服务，降低了图书馆的进入"高度"，使馆员与读者，读者与读者，馆员与馆员之间能够自由互动、协同参与，在图书馆的管理和服务中，读者可直接或间接地发挥作用。

3. 共建性和共享性原则

在全国范围智慧化图书馆体系的建设中，一个图书馆的力量是有限的，短时间内很难完成智慧资源建设。几个图书馆之间的信息共享，通过共享人力、物力，可短时间内丰富馆藏资源，最大化地满足用户需求。由此可知，作为个体的图书馆,若想要尽快实现泛在化、智慧化建设,必然需要与其他馆合作,通过共建共享,贡献自己力量的同时,也获得更多其他馆的馆藏资源。为实现信息资源共建共享,图书馆个体可以相互联盟,如国际上的 OCLC(Online Computer Library Center,联机计算机图书馆中心),以及国内的 CALIS(China Academic Library & Information System,中国高等教育文献保障系统)等。一方面,一定区域内的图书馆形成统一体,以联盟的形式采购图书、数据库等,从书商、服务商处获得较低的采购价格,不仅节省资源,也可扩大资源利用率。另一方面,各个图书馆之间可以共享技术、平台资源等,在数字化建设过程中,避免资源重复开发、节约成本,还能有更多的资源用于读者服务,促进图书馆的智慧化建设。

4. 智慧性和泛在性原则

图书馆的智慧化、泛在化主要体现在:①服务时间和服务空间:无线网络技术的发展,更加智能的自动化服务系统的出现,实现在网络所覆盖的地区,都能体验到的图书馆服务,且是连续 7×24 小时的服务。图书馆用户通过终端设备,可以不受时间、地点限制地享受数字资源、服务。②服务对象和服务模式:移动通信技术的发展,图书馆的服务模式势必要发生改变,为所有连入网络的用户主动推送资源、服务,不再仅限于到馆用户,每个人都能公平地获取所需资源和服务,真正地扩大图书馆服务对象的范围。③服务内容及服务手段:泛在环境下,图书馆之间资源的共建共享,使图书馆用户可获得的资源服务,不再仅限于本馆的馆藏,而是整合不同平台的资源,如共享资源中心、互联网和开放知识库等,同时,对信息加以归纳整理、去伪存真,然后供用户使用,如通过网站、WAP 平台拓展数字化资源的利用率。

由此可知，随着时代背景和技术环境的变化，图书馆的建设发展务必要遵循智慧化、泛在化的原则，才能真正体现图书馆的社会价值。

（二）智慧图书馆建设的内容

随着社会的数字化、网络化发展，各种挑战接踵而至，图书馆就要不要转型、如何转型等问题，一直面临着各方面的压力。换个角度，社会的发展，也为图书馆开创了一个前所未有的时代，包括传统的馆舍、资源建设以及服务创新、合作共享、数字平台建设、阅读推广等，都是图书馆的崭新成果。移动互联网、物联网的出现，平板电脑、智能手机及可穿戴设备等载体的应用，使用户需求发生了巨大变化，不再是以往的简单获取文献，而是直接获取知识、享受智慧服务，随之而来的是图书馆服务模式的与时俱进。

1. 图书智能分拣、盘点系统

RFID 标签的使用，改变了传统的图书馆工作流程，配合 RFID 设备的使用，图书馆管理数据流的业务流程为：采编→分拣→盘点→借阅。图书进入图书馆后，先进行分类编目、标签工作，然后由自动分拣系统分配上架，供读者借阅。读者通过自助借还设备归还图书，分拣系统对归还图书进行整理后，直接分配、上架。另外，由于每本图书都有专属的 RFID 标签，图书的清点工作变得简单，可通过 RFID 读写装置自动清点，并实时更新图书的存放位置，清楚图书的在架情况。

2. 馆内自助系统

（1）自助借还一体机

自助借还一体机是射频识别技术的一种应用，通过自助借还系统，读者不再局限于在服务台办理图书借还，而可以自助操作。拥有图书馆智能卡的用户，借书时只需将智能卡片、待借图书放在各自的感应区内，由自助设备自动扫描识别，读取卡片上用户的个人信息、书籍信息，然后用户核对信息并确认借阅，即完成整个借书过程。相对于借书过程，读者的自助还书过程更加简单快捷，只需点击自助设备显示屏上的"还书"后将所要归还的图书放置感应区，然后确认信息并归还，无须出示借书卡。另外，可同时借还多本图书，自助借还系统可 24 小时连续服务。自助借还设备的使用，不仅方便读者，减少馆内工作量，更提高了图书的流通速率、图书馆的服务品质。

（2）座位预约系统

座位预约系统同样是 RFID 技术的一项应用，实现了图书馆内用户与设备的互联。在每个椅子中植入重量传感器，通过馆内的无线网络，发送是否空闲的信息，控制中心汇总所有信息，在显示屏上以图像形式展示，读者可到馆预约，也可通过"我的图书馆"在手持终端预约，座位自助预约系统是图书馆智能化、人性化的体现，用户可根据喜好预约。对于恶意预约用户，将通过限制预约权限、减少借阅数量等形式进行惩罚，以杜绝此类行为的出现。

（3）图书馆多媒体终端机

读者自助操作，进行图书馆导航，以及书目检索和报纸、期刊的阅读，还能用来宣传展示图书馆。

（4）自助打印复印一体机

用户可根据需要，进行自助打印、自助复印，也可将自己需要的纸质图书资源自助扫描到自己的邮箱，并可通过网络完成异地打印。

（5）触摸屏阅报机

馆内配置多台触摸屏阅报机，供读者阅读报纸、期刊，并能够进行图书馆 3D 全景地图导航。

3. 智能管理和安全系统

（1）综合能耗管理系统

在智慧城市的大背景下，智慧图书馆的建筑主体务必要达到环保、节能的标准。综合能耗管理系统，是在图书馆内部相关设备内嵌入传感器，以便实时控制整个图书馆的内部环境，包括空调、照明、排水等，在确保读者人身安全的同时，为其营造舒适的阅读环境，并对馆内设备进行在线监控，确保其最佳运行状态和最低能耗。根据图书馆所处的地理环境，选择绿色环保的建材，充分利用气候因素，实现智慧图书馆的安全、节能。

（2）图书安全防盗系统

图书安全防盗系统包括 RFID、磁条双重防盗系统。合法借阅的图书，需满足三个条件，即 EAS 防盗位、EPC 编码字段中的标签类型位、消磁。联网状态下，对图书实时监测，如有不符合以上三个条件的图书，系统将进行声光报警；脱机状态下，此防盗系统可以实现离线报警。北京超讯科技公司开发的适用于大型图书馆或书店的 EM-2005 电磁波防盗系统，灵敏度高，盲区小，功耗低，寿命长，并能实现多通道联机使用，各通道之间可实现单独报警；系统采用全数字调制技术，配合微电脑控制技术，具有较强的抗干扰能力，因此，能够很好地避免金属干扰引起的纠纷。

（3）智能门禁系统

智能门禁系统一般由门禁控制器、门禁读卡器、门禁管理软件、电控锁和开门按钮，以及管理电脑和门磁等主要部件构成。具备联网功能的智能门禁系统，在集成安保系统的同时，还能集成报警系统。另外，消防门上的电控锁，能够实现火灾时断电，为馆内人员提供逃生路径。

4.移动服务建设

进入 21 世纪后，随着互联网和信息技术的发展，移动服务方式从短信服务发展到网站服务，再到移动 APP 服务；服务载体从普通手机到智能手机、电子阅读器、平板电脑等，使用户可以随时随地，接受或访问图书馆的数字化服务。总的来说，移动服务是图书馆事业上的一次移动革命。智慧图书馆广泛互联互通的特点，使其能够实现手机、阅读器、IPTV（互联网协议电视技术）等之间的无缝对接。以手机、平板电脑等移动设备为载体的手机图书馆，通过无线上网进行信息的双向传播。基于 4G、5G 手机高速浏览网页的功能，图书馆与数字图书馆之间可实现连接；借助移动短信咨询平台、移动阅读和交流平台，以及网络信息浏览平台，图书馆可为读者提供书目查询服务，图书的续借、预订和到期提醒服务，参考咨询、读者荐购、个性化定制及移动阅读等服务。读者可以使用手机进行操作，随时随地进行书目检索、图书预约续借和到期查询，获取图书馆的公告信息和讲座预告信息，简单方便。通过相应接口的开发，利用数字图书馆与数字电视的交互，可实现二者的互联。用户只要在家通过电视，就能对图书馆的图书进行预约、续借，查询借阅信息，阅读馆藏电子书和期刊，观看视频公开课资源。

5.泛在智慧服务建设

图书馆文献服务，是以文献载体为主；图书馆信息服务，是以信息传播为主；图书馆智慧服务，是以知识传播为主。相比之下，图书馆智慧服务，以用户的智慧生成过程为中心，以智慧创造为目的，培育用户运用、创新知识的能力，根据用户的需求偏好、心理认知，为其提供个性化服务。如图书馆用户进行资源检索时，图书馆不仅能反馈原始信息，还能快速分析检索结果，组织成综述、研究报告，供用户参考使用，并能按照用户需要的格式，从多种形式的用户终端导出。

泛在网络环境下的图书馆，一改传统服务模式的局限，使服务定位从用户的角度出发，进行服务拓展，使信息资源占有力、信息检索效率得到重点提高，更重视用户的个性化需求。智慧图书馆将服务融入学习和科研中，通过移情感知，获得用户的原始数据，利用数据挖掘技术，获取隐性知识，主动为用户提供个性化、集成化的泛在服务。

（1）情景感知服务

移动环境中，通过智能终端，使用移动传感设备，如 RFID、蓝牙、GPS 等，采集读者的原始情景信息；通过读者登录时的账号，感知和捕捉其所处位置，借阅记录和偏好等的动态信息，并进行分类和过滤处理。

（2）定制服务 / 聚合服务

定制服务（RSS 服务），是基于 RSS（Really Simple Syndication）即简易信息聚合技术开展的个性化服务。RSS 具有过滤信息、聚合信息、推送信息的功能，因此在图书馆的具体应用有新书通告、电子期刊 RSS 服务、读者个性化信息的定制服务等。

（3）推送服务

根据用户信息需求，智能分析用户请求，通过数据挖掘等分析技术，实现主动推送。基于图书馆泛在云平台，通过语义关联技术，依据用户的历史访问记录，记录用户的关注领域，进而推断其喜好特征，建立需求预测模型。通过电子邮件和 RSS 等手段，向用户推送动态科研信息。

（4）预约服务

预约服务包括纸质资源和数字化资源的预约，自习座位、研讨室等其他移动设施的空间和设备预约，以及培训预约等。

6. 智慧机器人

按照系统功能的不同，图书馆智慧机器人服务大致可分为以下五种。

（1）自助图书馆，其智能化程度较低

最早出现在美国，是一种迷你型图书馆，能够提供 24 小时图书借还服务，但局限于面向少量读者。近年来，服务方便快捷的自助图书馆在我国各地陆续出现，如首都图书馆北门、香港科技大学的自动图书馆等。

（2）机器人与立体仓库的结合应用系统

该系统用于提高大型图书馆的自动化处理能力，如自动存取中心概念、机器人堆叠书库管理系统等，主要用于完成图书的存取。该系统虽然工作效率和自动化程度非常高，但存在缺陷且造价昂贵，很难推广。截至目前，我国图书馆中还没有这类设备。

（3）图书搬运机器人系统（AGV，Automated Guided Vehicle）

该系统具有代表性的是德国洪堡大学图书馆的 AGV 系统，可以完成图书的分拣、上架，但该系统成本为 38 万欧元；另有日本大阪市立大学图书馆的 AGV 图书馆机器人，虽然价格低廉，工作效率高，但只能完成图书的搬运、放置等简单的重复性工作。

（4）全自主智能图书存取机器人系统

该系统能够自动完成图书搬运与存取，上下架、整理等一系列操作，智能化、自动化程度较高，目前尚处于研究探索阶段。

（5）智能参考咨询机器人系统

该系统大致可分为数字参考咨询软件、IM（Instant Messaging，即时通信）软件、用户定制软件。IM软件，如清华大学图书馆的智能"小图"、上海交通大学图书馆的"小交"，因其成本低廉、交流便捷、用户基础广泛等特点，一经推出便备受欢迎。

三、智慧图书馆建设的问题与对策

（一）智慧图书馆建设中的主要问题

1. 支撑平台与技术问题

智慧图书馆的建设，需要建立在智慧化的平台和技术基础之上。如馆舍的重新布局和建设，维持图书馆正常运转的物理设备等硬件设施，以及信息管理系统、信息服务系统等软件系统，都需要现代化技术的改进，以达到智慧图书馆构建的要求。虚拟现实技术、物联网技术、数据挖掘技术等的运用，实现了现有图书馆系统平台与智慧化设施的整合。如数字图书馆时期的以条码技术、磁条技术为基础的自动化集成系统，以及以RFID标签技术为基础的RFID系统，二者的整合，形成智慧图书馆的系统平台。以及依赖各类知识库、分析预测系统而建立的咨询服务，对相应的服务支持系统，都有一定的要求。目前，相关研究处于理论构建阶段，全国范围内统一应用的、成熟的图书馆智慧化支撑平台，还有待研究和开发。

2. 建设成本问题

智慧图书馆建设中，小到每本纸质图书电子标签的使用，大到绿色、节能智慧化馆舍的建设，都涉及资金成本问题。图书馆海量的馆藏，即便单个电子标签的价格仅 1 元人民币左右，但相对于条码、阅读器来说，都是一笔不小的开销。一座中型图书馆智慧化建设过程中，仅电子标签的投入，保守估计就需要几百万元甚至上千万元。另外，图书馆最基本的服务是阅读，包括纸质阅读、数字阅读两方面，智慧图书馆将是以数字阅读为主。智慧化阅读平台建设，各种阅读设备的提供，以及数字化资源的购买，都需要充足的资金支持。目前，图书馆越来越多，数字资源的经费高过印本资源。智慧馆舍的重建及改造，物理设备和资源库的购买，都需要资金支持。最后，所有这些资源设备的日常维护、智慧馆员的培训等，都将会带来巨大的资金压力。

3. 智慧馆员队伍建设滞后

馆员是图书馆的灵魂，是图书馆人文精神的代表。智慧图书馆致力于为用户提供个性化的知识服务，以智慧化的物理设备、泛在无线网络、数据资源等为支撑的同时，智慧馆员也是必不可少的。21 世纪的图书馆馆员，不再是单纯的图书馆的"看门人"，而是具有图书情报专业知识的高素质人才。他们能够通过对用户需求的深层次挖掘，对用户行为的实时追踪，及时向用户推送所需信息，并能够对馆内资源进行分析、整合，提供特色化的学科服务。

总体来说，图书馆服务的智慧化，离不开智慧馆员。目前，我国图书馆建设多将智能馆舍建设、数字资源建设、信息空间建设、先进设备补充等作为建设重点，智慧馆员队伍建设相对滞后，虽然图书馆的服务质量相对以往有所提高，但尚未达到全面智慧化的程度。

（二）智慧图书馆建设的对策

1. 资源共建共享

资源作为图书馆运营的基础，其智慧化主要包括资源海量化和存储无界化。在智慧图书馆中迅速增加的，不只是网络信息资源、数据库资源等数字化资源，还有馆藏印刷型资源。图书馆资源智慧化的过程，是把每项实体资源植入智能芯片的过程，芯片上写入其所属资源的属性及其本质特征，使该资源成为可识别的独立个体，并通过图书馆泛在的网络环境，实时反馈资源的状态信息。在海量资源的环境下，智慧图书馆将会依托云服务构架，从安全可靠的"云"中获得业务支持系统、资源服务系统，使资源存储无界化成为现实。图书馆建立共建共享机制，通过图书馆间的合作，扩大每个馆的资源储备，全方位满足读者需求。

打造特色馆藏和本地资源。对于图书馆而言，要了解本馆资源使用情况及其他馆的情况，推出个性化服务策略，发展特色资源、特色服务，以达到较高的资源使用效率，以及优质的服务质量。移动互联时代，完善的数字资源建设是各个图书馆的工作目标，目前部分图书馆在数字资源建设上的花费已超过实体资源。考虑到资源建设成本和存储空间的限制，以及资源对于智慧图书馆的重要性，越来越多的图书馆联盟成立，如世界数字图书馆，由联合国教科文组织建立的网站，供全球读者免费使用。由此看来，资源的共建共享将在智慧化建设中发挥重大作用。

2. 创新技术开发及应用

从包括网络信息技术在内的各种技术应用，以及图书馆的整个发展历程来看，图书馆馆员关于技术应用的创新态度，会对图书馆未来的建设发展产生至关重要的影响。图书馆新技术的应用，实现自动化管理系统向自助服务转变，解放了馆员的体力劳动，突破了服务的时空限制，图书馆的特色服务得以开展，如学科服务、空间服务、多媒体服务等。随之而来的是更新一轮技术的出现及应用，促使馆员脑力劳动的开展，继而图书馆基于物联网等技术而开展的泛在服务才得以实现。

图书馆作为社会知识服务机构，而非技术研发机构，没有足够的资源专门用于新技术的研发，不是信息技术的创造者，但却是技术的使用者。图书馆在技术应用方面，绝大多数奉行"拿来主义"，但在使用的同时，应充分结合图书馆的学科特点，进行技术的创新应用研究，提高技术的适用性。如传感器技术、RFID 技术的出现，使图书馆界开始了对图书馆智能机器人的研究，已取得了一定的进展，并仍在研发探索过程中。

3. 转变价值观念

图书馆应重新识别自身的愿景、使命和价值观，加强与政府、社会各界的沟通合作，争取更多的资金支持，获得更多的话语权和社会关注度，变被动为主动，积极把握机遇进行服务模式的重塑和再设计。物联网 RFID 技术在图书馆内的应用，实现了实体资源从入库到上架整个业务流程的智慧化，最大限度地节省了劳动力。

增强图书馆的互联网思维，强调图书馆的核心价值。一方面，图书馆内部泛在网络环境以及全球互联网的发展，图书馆之间资源的共建共享、人力资源的共聘共用都将会成为大势，图书馆应增强互联网思维，深化合作。另一方面，坚守图书馆的核心价值。智慧化建设时期，要杜绝绝对化的"技术论"，重用技术的同时，注重人文建设；保存人类文化遗产的同时，促进知识的自由获取。目前已有图书馆开展部分收费服务，且出现图书馆与书店相结合的情形，图书馆走进书店，抑或书店走进图书馆，都能帮助图书馆更好地顺应发展形势。

第二节　智慧馆员能力评价体系

一、评价体系的功能

智慧馆员能力评价体系的功能主要包括，在评价过程中对智慧馆员能力进行逐项检测，获得必要信息，进行肯定、表扬、奖励或否定、批评、惩罚。可以强化智慧馆员的积极倾向，抑制智慧馆员的消极倾向，对智慧馆员未来的学习发展等方面确定方向。[①] 同时，为智慧馆员队伍建设及培养提供依据。除此之外，可以督促图书馆馆员对照评价指标的要求，进行自我检测、自我调整、自我节制和自我控制。

二、评价指标的确定原则

（一）科学性原则

图书馆馆员评价指标体系既要符合《普通高等学校图书馆规程》（2015年）及相关的国家法律、法规和主管部门的考核精神；又要反映图书馆馆员的工作实际，力求全面、准确、客观、公正地评价图书馆馆员的工作和思想实际。

①　吴朋有娣.智慧馆员能力评价体系研究［D］.长春：东北师范大学，2018.

（二）可操作（实现）性原则

指标体系应具有较强的可操作性，简便易行，尽可能地量化相关评价指标。指标的目标值设定应结合个人的情况、岗位的情况、过往历史的情况来设定；指标应是实际性的、现实性的，而不是假设性的，而且一定是要数字化的。

（三）导向性原则

指标体系应具有前瞻性和指导性，应"与时俱进"。在客观评价现实工作的同时，要充分考虑图书馆的发展和提高对图书馆馆员的要求，要具有前瞻性。另外，图书馆倡导什么、鼓励什么，应有相关的指标，要具有指导性。

（四）明确性原则

评价指标应该是明确的、具体的，指标要清晰、明确，让考核者与被考核者能够准确理解目标。

（五）时限性原则

目标、指标要有时限性，要在规定的时间内完成，时间一到，就要看结果。如要求处理200条数据，必须规定在多长时间内完成这项工作，这样要求才有意义。

三、评价指标的建立

（一）评价指标的构建流程

以评价指标的建立原则为主要依据，本书评价指标的建立共分为五大部分：①理论准备。了解研究进展，掌握解决该问题的基本理论和方法，调查问卷设计与分析整理。②初步建立。根据评价指标的建立原则和问卷调查结果，初步建立评价指标。③分析整理。利用德尔菲法调研，调整指标中存在的问题，确定评价指标。④确立权重。依据每项指标的影响大小，利用层次分析法确定指标的权重，使评价结果更加合理。⑤确立评价指标体系。

（二）评价指标的构建方法

专家调查法分为德尔菲法和头脑风暴法，本书主要应用德尔菲法，即通过对具有专业知识的专家进行匿名问卷调查的一种方法。其主要程序如下。

1. 拟定调查提纲

所提问题要明确、具体，选择得当。数量不宜过多，并提供必要的背景材料。

2. 选择调查对象

备选专家应该在智慧馆员研究领域有一定的代表性，熟悉相关专业知识和较高的业务水平。同时，这些专家也应该在业界具备一定的声望和说服力，能够给出正确的指导意见。

3. 征询意见

通常要经过三轮：第一轮是提出问题，要求专家在规定时间内把调查表格填完寄回。第二轮是修改问题，请专家根据整理的不同意见修改自己所提的问题，即让调查对象了解其他见解后，再一次征求他本人的意见。第三轮是最后判定，把专家最后重新考虑的意见收集上来，加以整理。有时根据实际需要，还可进行更多几轮的征询活动。

4. 整理调查结果，完善指标体系

对多次征询所得的建议进行分析整理，选取多数专家集中相同的意见，完善、补充和修改评价指标。

第三节 智慧图书馆管理平台的研究与实现

一、智慧图书馆管理平台概述

（一）智慧图书馆的内涵

1.智慧图书馆的概念

智慧图书馆就是运用云计算技术、物联网技术、数据挖掘技术等计算机技术，将读者、馆员、文献资源、图书馆建筑及设备等因素联系起来，实现全面的互联互通，从而高效、快捷地提供人性化、专业化、智慧化的服务与管理，最终实现具有智慧化的高级形态的图书馆新模式。[①]它是以资源为基础、以技术为支撑、以人为本、以服务为核心、以空间为实现条件，各要素之间相互融合的统一体。智慧图书馆是在数字图书馆与物联网技术的基础上产生和发展起来的。它具有感知、互联、共享、高效、便捷等特点。

2.智慧图书馆的定义

从智能建设的角度认为，智慧图书馆等于智能化建筑＋物联网技术＋云计算技术＋智能化设备＋智能化系统，是在物联网技术的基础上实现智能化的管理与服务。

从智慧服务的角度认为，智慧图书馆是在互联网技术、信息通信技术和物联网技术的基础上通过网络查阅文献资料及座位预约等的智慧图书馆。

---

① 孙瑞鹏.图书馆党员智慧化管理平台的设计与实现［J］.数字通信世界，2018（06）：139-140.

从智能感应的角度看，智慧图书馆是把智慧服务与智慧感知两者有机结合在一起的。

智慧图书馆是一个能够被切实感觉，但不受时间和空间限制的一种理念。智慧图书馆是在物联网技术的基础上实现智能管理和智能服务，其中还包括一些智能设备、智能建筑、智能系统和智能技术等。通过这些来改进我们一般意义上的图书馆。我们所说的智慧图书馆是有感应的，这种感应是指在互联网技术、物联网技术的基础上，能够被深刻地感知智能服务和智能管理。智慧图书馆就是把任意有用的信息及文献资源有机地组合到一起，使读者在使用智慧图书馆的过程中感受到更加温馨的服务。智慧图书馆是建立在物联网（IOT）技术与数字图书馆基础之上的更高级形态的图书馆，具有数字图书馆和物联网（IOT）技术的双重特点。智慧图书馆是在物联网技术的基础上发展而来的，图书馆发展到一定阶段的一个更高级形态。它是未来图书馆发展的一种全新的模式，能实现更广范围的互联互通及共建共享，宗旨是以人为本，以服务为核心，提供智能的服务，实现智能的管理。智慧图书馆的本质是提供智慧服务，而智慧服务的实质是及时完成信息服务，让信息服务的质量得以提升，这与我们提倡的可持续发展不谋而合，并有着重要的意义。

智慧图书馆就是要做一些我们所知的传统图书馆做不了的事情，通常认为，智慧图书馆就是要能做到在现有的计算机网络技术基础之上对文献资源及物理的全面感应，并且能做到把信息准确无误地传送转发，甚至要能在这些基础上对信息进行整合筛选，智慧化的加工也是我们对智慧图书馆提出的一个更高的要求。

（二）智慧图书馆管理平台的特点

与一般我们所熟悉的传统图书馆相比，智慧图书馆管理平台一般具有以下三个特征。

1. 文献资源共建共享

智慧图书馆具有数字图书馆与物联网的双重特点。在互联网技术及物联网技术的基础上将多个相互独立的文献资源、馆员及用户等多个要素进行相互关联，将所有的纸质文献及数字资源互联，实现馆员、用户、文献资源三者之间的互联互通，实现信息及资源的共建、共享、共知，才是智慧图书馆想要达到的目标。所以，智慧图书馆的主要特点就是信息及资源共享。具体反映在智慧图书馆为用户提供了多方面的服务，通过信息及资源的共享、共知，解决用户各种各样的问题，并且为用户在阅读过程中节省更多宝贵的时间，为工作人员减轻工作量的同时，工作更高效，使工作人员有更多的时间为用户提供更优质的服务。

2. 服务工作高效

当今世界面临信息科学技术不断发展的形势，传统意义上的图书馆存在的问题越来越明显，尤其在服务工作及管理工作的效率上更为突出。使用快捷、高效运转以及信息重组是对智慧图书馆提出的更高的要求。智慧图书馆的各种管理及服务工作在物联网技术、计算机技术的基础上井然有序地开展，尤其是在紧急响应管理中有着重要的作用。当今社会，各个图书馆的建筑面积越来越大，楼层越来越高，基础设施的负担越来越重，服务系统的运载负荷和信息量也日益增大，而这些含有庞大信息量的系统一旦发生故障，很可能给图书馆造成不可估量的损失。面对当今世界复杂的发展形势，图书馆只有借力于更完善的制度、更高效的管理以及更智慧化的信息体系才能为用户提供更优质的服务。

3. 读者使用便利

智慧图书馆建设的宗旨是以人为本，以服务为核心，使每一位读者不限时间、地点，在不同时空第一时间获得最优的学习和阅读的方法，享受智慧图书馆带来的便捷性，智慧图书馆的建立和发展为读者与馆员的学习和工作带来了翻天覆地的变化，基于图书馆＋物联网技术＋云计算技术＋智慧化设备的智慧图书馆，一方面可以在智能化和自主化的基础上对馆员实现更高效的管理，另一方面还可以为广大读者提供便捷的信息查询和阅读等综合服务。

（三）智慧图书馆管理平台的功能

智慧图书馆管理系统以计算机网络信息技术和物联网技术为基础，拥有许多功能，下面我们从以下方面来分析智慧图书馆管理系统的功能。

1. 资源获取

读者通过智慧图书馆管理系统可以从众多数据库中快速地找到自己想要的文献资源并保存。

2. 维护、整合、发布资源

在网格化的资源结构模式下，用户可以对已经收集好的信息资源做出相对应的处理，如对这些基本数据进行整理、关联、维护等。在这之后系统会自动为用户进行相应的保存，存入云端。

3. 资源存储

用户采集到信息后，对信息进行加工处理，并存储这些信息，方便用户今后调用。

4. 元数据目录功能

用软件进行对接后,把数据进行增、删、减等处理后,建立一个数据图表。通过这个图表使关键信息变得一目了然,可以更快捷地得到所需的信息资源。

5. 智慧服务

从信息的管理和应用的角度来看待智慧图书馆,可以把智慧图书馆平台的建设划分为感知、信息收集和聚合三个阶段性的工作,在建设智慧图书馆的过程中,一定要了解读者的真实意图,借助于收集、整合各种来源的信息,为读者提供更加贴心的服务,做到让读者可以不受时空限制获取信息及共享,追求资源利用的最大化。

二、智慧图书馆管理平台建设

(一)建设目标

智慧图书馆管理平台的建设目标是实现图书馆智慧化的管理与决策。运用先进的计算机网络技术和超前的管理理念,与智慧图书馆管理平台有机结合,提高管理效率,降低图书馆工作人员的劳动强度,体现"以人为本"的服务宗旨,为读者提供高效、便捷的服务。

(二)管理平台框架设计

1. 基础层

为智慧图书馆管理平台的运行提供系统、网络及硬件的支持。其功能是通过网络进行数据传输服务。它由各种无线网络、有线网络、公用网络、专用网络以及私用网络等组成,负责把感知层采集的各种信息传递给应用层,应用层根据不同需求获取相应的数据。中间件是介于操作系统与应用程序之间的一个软件层，物联网中间件把传感器采集的各种信息转换成可识别的信息，交由物联网应用使用。基础层已综合了大多数的网络形式，来构建更加广泛的"互联互通"。各种网络都有自己的特点和运用场景，互相组合才能发挥出最大的作用，因此在实际应用中，信息往往通过公用网络、专用网络、有线网络、无线网络等多种网络途径进行传输。

2. 感知层

通过 RFID、二维码、各种传感设备采集信息，为智慧图书馆管理平台建设提供数据。其功能为"感知"，即通过传感器获取信息。感知层是物联网的基础，是信息收集的最主要部分，其包括传感器、射频识别读写器、二维码、监控摄像头等，其主要作用是收集信息。感知层所需要的技术有二维码技术、红外线技术、无线网络技术、射频识别技术、传感器技术等。

3. 应用层

应用层包括管理系统、服务系统、社交平台、预约系统等各类系统平台。其是指提供给用户直接使用的各种应用，如智能门禁、自助文印、智能防盗、定位导航、座位预约等。其功能为"处理"，即通过云计算平台进行信息处理。智慧图书馆管理平台的关键在于应用层和感知层，应用层对感知层收集的信息进行计算、处理和知识挖掘，从而有助于管理的精确性、决策的科学性以及对物理世界控制的实时性。

4. 服务层

通过图书馆门户网站、终端、OPAC、微信、浏览器、手机 App 等为图书馆馆员、读者提供各种服务，如图书借还、座位预约、自助文印等。

（三）管理平台架构设计

用户通过统一身份认证，单点登录智慧图书馆管理平台。根据用户权限的不同，用户分为普通用户和管理员两类，普通用户只能查询、使用里面的各个系统模块，不能管理各个系统。而管理员又根据管理权限不同分为普通管理员和超级管理员。普通管理员只能在给定的系统模块权限内，对该系统模块进行增、删、减的操作。超级管理员可以给不同普通管理员设置各个系统模块的管理权限，超级管理员除了普通管理员的权限外，还可以增加、删除、修改所有用户及其密码。

1.图书馆感知系统建设

图书馆感知系统是智慧图书馆管理平台建设的基础，通过各种传感设备采集信息，经过加工处理存储为数据，提供给其他各个应用系统使用。感知系统主要包括传感器技术、人脸识别技术和以下各类子系统。

（1）传感器技术

传感器是一种检测器件，是物联网中获取信息的关键设备，它按一定规律把收到的信息转换成可用信号，通过网络传输发送，由相应的设备接收处理并响应。一般常见的传感器有电阻式传感器、变频功率传感器、称重传感器、激光传感器、霍尔传感器、温度传感器、光敏传感器、压力传感器、超声波传感器等。

（2）人脸识别技术

人脸识别，是基于人的面部特点进行身份识别的一种生物识别技术，用摄像头采集含有人脸的图像，与预先设置的图片库内的人脸图片进行比对，从而对检测到的人脸面部进行识别的相关技术。

（3）智能安防系统

智能安防系统主要包含对相关内容和服务的信息化、图像的传输和存储、数据的存储和处理等。就智能化安防来说，一个完整的智能化安防系统主要由门禁控制系统、防盗报警系统和视频监控系统三部分组成。

门禁控制系统：门禁控制系统是利用现代化电子设备与软件相结合，在图书馆的出入口对人或物的进出，进行管理的自动化操作系统。这种自动化系统通常包括目标识别、信息管理、控制执行三方面。系统的前端设备由目标识别装置和门锁开启闭合执行机构组成；传输方式一般通过有线网络进行传输；系统的终端设备则由显示、控制及通信设备组成，普遍采用单独的门禁控制器，也可通过有线网络对门禁控制器实施监控。出入口控制系统通常与防盗报警系统和视频监控系统配合使用。目标识别系统一般分为对人的识别和对物的识别。

防盗报警系统：防盗报警系统用于图书馆出入口及内部公共场所的防盗报警，能够准确地提示出现问题的地点。系统的前端设备由各种不同的报警传感器及监测器组成，系统的终端是显示及控制设备，它由单独的报警控制器控制，一般由报警控制中心统一管理。无论采用哪种方式控制，均必须对非法入侵图书馆内部进行实时、可靠和准确的报警，绝对不允许漏报警的情况发生，误报警应该降至可以接受的范围内。

视频监控系统：视频监控系统通常应用于图书馆出入口及内部主要公共区域进行实时摄像，视频监控系统的前端设备是由各类摄像头及其相关电子设备组成，系统的终端设备是显示、记录及控制设备，通常采用单独的视频监控中心管理或由监控报警中心管理。视频监控系统通常与防盗报警系统、门禁控制系统相互合作，由中央控制台进行统一管理和监控，单独运行的视频监控系统，画面显示能自动或手动任意切换，画面上必须具备摄像头的编号、时间、地点、日期等信息显示，并能自动将监控画面切换到指定的监视器上显示，对所有的监控画面应该可以长时间录像。

（4）环境监测系统

图书馆环境监测系统，应用物联网技术，对馆内温度、湿度、光照、颗粒物、二氧化碳、甲醛、氧气等环境因素进行监测，采集所需要的数据，并将采集数据实时地传送给监控终端和显示终端，使管理人员能够及时通过监控终端及多媒体显示屏查看环境数据。

温湿度控制系统：温湿度自动控制系统包括温湿度主控微机、智能控制器、温湿度传感器和空调、除湿机、加湿机等附属设备。

综合控制器负责收集各室内的温湿度数据，将数据上传至控制微机，并接收控制微机下达的指令，自动开关空调、除湿机、加湿机等附属设备，实现对各室内的温湿度自动调节。

温湿度主控微机负责实时采集各室内温湿度数据，并对数据进行综合分析，下达各种指令到各控制器；主控微机实时显示室内温湿度数据并存储数据，用于进行数据的统计分析。

通风换气系统：自动通风换气功能，智能控制器通过通风换气控制模块，连接通风换气设备实现自动开关，达到通风换气的目的。可以设定时间，系统自动开关设备，无须人员管理。

灯光照明检测系统：灯光照明检测的目的是解决室内人走灯灭的问题，当读者离开，阅读灯自动熄灭；当室内照明过亮或过暗，自动调节室内灯光，以此达到节能的效果。在室内安装灯光照明检测模块，在控制室，通过微机可方便观察室内灯光开关情况。

2.图书馆管理系统建设

图书馆管理系统是智慧图书馆管理平台建设的核心，主要包括以下子系统。

（1）二维码

二维码又名二维条码，QR Code 是比较常见的二维码，QR 的英文全名是 Quick Response，二维码是用特定的几何图案按一定规律在平面上黑白相间分布的图形，记录数据信息的符号。二维码可作为图像、声音、文字的载体。二维码在图书馆的应用有：二维码代替借阅证；将二维码置于图书封面，通过扫描二维码借阅图书，用于记录图书信息、简介及馆藏位置。也可把网址转换成二维码提供给读者。

（2）智能书架

智能书架的英文全称是"smart bookshelf"或"intelligence bookshelf"。智能书架是在架图书智能管理系统，可单独利用 RFID 技术或二维码技术，或两者相互结合的方式实现在架图书的盘点、定位、查询等功能。首先，把书籍的相关信息，如书籍的书号、简介、馆藏位置等记录到电子标签或二维码中。然后，智能书架通过扫描电子标签或者二维码识别图书信息。

（3）馆内导航

目前，现代化的图书馆建设向着高层的建筑趋势发展，室内导航是让置身于图书馆里的读者，即使在建筑物内，仍能利用精确的定位功能确定自己的位置并找到想去的地方。

通过移动终端（智能手机、iPad 等）可以使用室内导航轻松找到图书馆的指定地点，如找到指定的纸质文献存放地点、卫生间等，给不熟悉馆内布局结构的读者提供便利。

3.图书馆服务系统建设

"以人为本"是图书馆的服务宗旨，图书馆怎样为读者提供更好更多的服务，则通过图书馆服务系统体现。智慧服务系统是图书馆管理平台的主要功能，主要包括以下各个子系统。

（1）自助文印系统

校园自助复印打印系统完全能够满足不同层次的需求，系统采用自助管理的运行模式，通过校园一卡通进行扣费，做到使用内容及费用可查，一切从用户角度出发为读者提供复印、打印、扫描全方位的服务和灵活的计费方式，为读者提供快捷、低价的复印、打印服务。

采用校园一卡通作为文印的身份验证和扣费手段，做到与校园一卡通无缝对接，读者持有校园卡就可在任一自助文印点进行打印、复印，产生的费用从校园一卡通上扣除，消费流水统一提交到一卡通中心，打印、复印流水保存在服务器上，生成报表和提供各种查询统计。

该系统构建在现有的网络平台基础之上，利用现成的设备、资源，无须投入其他更多的设备，在学校里的办公电脑、电子阅览室、中心机房和各专业机房的电脑上以及学生宿舍里的电脑上，可以随时随地、随心所欲地进行打印设置，不再有打印地点的限制，学生拷贝打印内容到打印点，将成为历史；该系统不再有时间上的限制，管理人员不再参与打印和复印的管理工作，完全由读者自助完成，读者任何时间都可以持一卡通自助完成打印、复印。

（2）自助借还系统

图书馆自助借还书设备是通过与图书馆自动化系统数据相连接，由读者自助借还馆内书籍，在图书馆工作人员有限的情况下，增加图书周转率，简化借还流程，提高图书馆管理人员工作效率及服务质量的一种自助设备。

该自助借还书设备无须工作人员参与，节约了人力资源，使图书馆工作人员能提供更多时间为读者服务，对提高借还书工作效率、提升工作人员服务质量、促进图书流通发挥了积极作用。同时，该设备可以保护读者隐私，提升图书馆形象，符合当今社会的发展趋势。设备多书侦测准确率大大提高，增加了图书借阅的安全性，使无人值守服务成为可能，这样可以延长图书馆的服务时间。

图书馆自助借还书设备集网络、通信、图像处理、磁条充销于一体，采用了组件化设计，降低了产品生产和安装的复杂性，使产品的使用可靠性和实用性大大增强。

目前，图书馆自助借还书设备普遍采用了国际领先的机器视觉处理技术，使多书侦测的准确率达到了99%以上，同时还增加了图书借阅视频管理功能，用于抓拍和存储读者借还书过程，并能够将读书证号码、操作时间信息等以数字方式叠加在图片上，为以后图书损坏和可能出现的纠纷等提供现场证据，同时对蓄意盗窃、损坏图书者起到一定的威慑作用，大大提高了产品使用的可靠性和安全性。

（3）座位预约系统

图书馆由于座位资源数量有限，以及缺乏合理有效的管理机制，出现读者排队抢座、大量长期占座但又不正常使用等现象，这已成为高校图书馆面临的一大难题，并由此带来一系列影响：①读者认为图书馆监管服务没有做到位，没有有效监管读者占位后不使用的情况。②有使用座位需求的读者抢不到座位，而抢到座位资源的读者没有对座位进行有效利用，造成大量座位资源的浪费。③读者之间出现争抢座位的情况，影响同学之间的和睦相处。④对于占座不使用的情况，图书馆需要安排工作人员对座位进行清理，增加了图书馆的人力成本。

服务器：服务器是座位预约管理系统信息交互和数据处理的核心，负责与校园一卡通进行读者用户信息的交互、与图书馆管理系统进行读者身份以及读者口令的认证、对座位资源的日常管理、汇总读者座位资源的使用数据及进行报表分析。

现场预约端：读者可在馆内刷卡或刷脸预约座位资源，完成网上所预约座位的签到，刷卡暂离以及刷卡离馆等。

图书馆闸机：与座位管理系统进行实时联动，用于读者在网上所预约座位的签到，判断读者是否刷卡离馆以及刷卡暂离以后是否在规定时间段内回馆刷卡恢复座位的使用。

管理端：管理员对座位的日常管理，便于掌握座位的实时使用情况，以及查询使用报表的汇总统计。

（4）个性化服务

个性化服务，是指在获得网站访问量、图书馆各个系统基本数据的情况下，对有关数据统计、分析，总结用户的行为习惯，并将这些规律与图书馆管理策略等相结合，从而发现管理的问题、可以改进之处，帮助修正或制定有效的管理策略。

通过对用户行为监测获得的数据进行分析，可以让图书馆更加详细、清楚地了解用户的行为习惯，从而找出图书馆管理过程中存在的问题，有助于图书馆的管理更加精准、有效，提高工作效率，从而提升图书馆的服务内涵。

根据对读者的检索信息、下载文献资源信息、借阅书目信息等所做的分析，为读者定制个性化及主动推送读者感兴趣的文献资源的服务。

（5）移动图书馆

移动图书馆又叫手机图书馆，其发展历史源于 21 世纪初的日本。2000 年 9 月，日本富士山大学图书馆开发出基于 I-MODE 手机的书目查询系统，该系统成为手机图书馆的雏形，此后为 I-MODE 手机读者提供在线书目查询、催还、预约、续借、即时通知等服务。当今移动信息技术在全球蓬勃发展，也在图书馆学界占据举足轻重的地位，现有的移动图书馆主要提供 WAP 服务和短信息服务两种方式。

短信息服务的方式是通过短信的形式实现读者与移动图书馆之间人机交互，即读者可以接收系统发送的消息，同时读者又可通过手机发送命令给系统，实现图书续借阅、读者证件挂失等功能。WAP 服务主要是利用手机通过移动或电信等网络访问移动图书馆系统的移动端的 Web 页面，实现对数字图书馆的访问。

手机图书馆最大的优势在于其灵活性，图书馆的资源访问不受时间和空间限制，读者可以随时随地访问。另外，读者还可以按照个人喜好来定制各种信息服务，如绑定手机、短信提醒服务等实现个性化服务。

移动图书馆可与图书馆 OPAC 系统实现无缝对接，用户可在手机、平板电脑等移动设备上自助完成资源查找、图书检索、借阅历史查询、当前所借图书、刊物上信息查询、图书续借、图书预约、图书委托等个性化定制服务。

4.图书馆资源系统建设

资源管理系统建设是图书馆开展各项工作的重要支撑，主要包括以下子系统的建设。

（1）资源发布管理系统

资源管理系统是管理和发布图书馆已购或自建数字资源的平台。资源类型包括电子期刊、电子图书、音视频、图片等。读者在 IP 地址范围内，授权才能访问该资源模块。普通读者只能使用、查询数字资源。管理员除了普通读者的权限外，还可对用户设定权限，统计资源访问情况。根据实际情况，管理员可组织、管理、发布资源，包括对资源的增删减。

（2）特色资源系统

根据学校实际情况，建立学校及当地特色资源库，把符合学校及当地特色的文献资源进行分类管理，把馆藏纸质资源数字化，通过云平台共建共享。通过特色库反映出当地的人文历史，有助于人们了解当地的文化历史、生活习惯。

（3）电子阅报系统

电子阅报系统是以电子触摸屏为阅读终端，通过服务器集中控制，可在电子触摸屏上阅读电子图书、报纸、期刊等内容。报纸内容为实时更新，每天与纸质报纸同步，显示效果与纸质报纸无差异。电子期刊也与纸质期刊同步，达到原汁原味的效果。一般会同时发布网页版及移动版阅报系统，根据情况可选择通过网页或移动终端阅读报纸、期刊。

（4）OPAC 系统

OPAC 的英文全称是 Online Public Access Catalogue，中文的意思是联机

公共查询目录。读者可以不受时间、地点限制利用各种网络通过 OPAC 查询馆藏文献资源。读者在 OPAC 上可通过书名、作者、出版社等关键词查找馆藏文献资源。根据读者的需求，检索结果显示文献资源的相关信息，包括资源类型（有无纸质或电子资源）、简介、作者、出版日期等。如果是纸质资源，则会显示已借图书数量、可借图书数量、馆藏地点等信息。读者使用账号登录 OPAC 系统后，可查询自己的借阅历史和当前所借图书信息，还可以使用委托、预约等功能。

（5）读者荐购系统

读者荐购是个性化服务的延伸。根据读者自身需求推荐图书馆购买图书，读者推荐时需填写书名、作者、出版社等相关信息。图书馆根据相关规定采购图书，一般与 OPAC 系统结合使用效果更好。

5. 图书馆社交系统建设

社交系统是智慧图书馆系统建设的重要功能之一。旨在为读者提供交流、学习心得分享及专业课题研究探讨平台，是集学习、娱乐于一体的服务平台。其包括以下建设内容。

（1）微信系统

即腾讯微信，但与普通个人微信的区别是以图书馆的名义申请微信公众号，通过二次开发，与其他系统及资源接口对接，为读者提供信息咨询、文献资源获取等服务。读者与借阅证账号绑定后，可获取图书馆文献资源和图书续借、预约等功能。

（2）社交平台

社交平台即社交网络系统，集学习娱乐于一体，为读者提供服务。该平台按专题分类建设多个模块供读者使用，管理员负责审核发布的内容。读者通过该平台可实现文献资源发布或获取、学习分享及交流探讨、图书资料置换、二手图书买卖，追求资源利用最大化。

（3）信息共享空间

信息共享空间的本质是研讨室或教师指导室，但与研讨室的区别是在研讨室的基础上配备网络、投影仪或显示屏、计算机、音响等硬件设备及软件、资源供读者使用。一般与预约系统结合使用，读者先进行预约，管理员审核通过后方可使用。图书馆可提前设置规则，如果读者出现多次违约或违规使用的情况，可取消该读者的预约及使用资格。

第三章 图书馆智慧化知识服务模式

第一节 图书馆知识服务的一般模式

一、智慧图书馆知识服务的基本特征

智慧图书馆不同于以往图书馆发展理念，它的精髓在于体现了"智慧"这一特征。王世伟将互联（全面感知、立体互联和共享协同）、高效（节能低碳、灵敏便捷、整合集群）、便利（无限泛在、就近一体、个性互动）作为智慧图书馆的三大特点。董晓霞等认为智慧图书馆有三大特色，即深刻的感知、智慧化的管理和服务以及广泛的互联，这是区别于其他形态图书馆的根本特征。初景利等认为，智慧图书馆所提供的智慧服务将具有场所泛在化、空间虚拟化、手段智能化、内容知识化、体验满意化等特点。[①] 谢芳对智慧图书馆的先进性和开放性、系统化和智能化等特征进行了详细的阐述。梁转琴认为智慧图书馆是具有节能低碳、灵敏便捷、整合集群的高效型图书馆。信息通信技术利用自身的五大方面特征实现智慧图书馆的升级，分别是互联互通、透彻感知、深度整合、便捷高效、服务创新。

---

① 陈远方.智慧图书馆知识服务延伸情境建构研究［D］.长春：吉林大学，2018.

（一）互联互通

互联互通是智慧图书馆实现的基础，可以进行立体互联的资源管理。为了确保用户、组织和图书馆彼此之间的连通性与协同性，满足知识服务主体内外部之间的交互与合作来构建社会网络，并在此连接、交互、共享用户电子设备、知识服务平台和组织间的信息、数据。

（二）透彻感知

透彻感知主要体现为智慧图书馆人工智能技术的运用。在图书馆物理空间中安置了智能传感器，用于全面感知、准确测量、及时捕获与传递信息。在虚拟空间中获取用户的浏览、检索、下载等行为数据，智能化分析用户信息行为数据，该数据获取于图书馆物理空间或虚拟空间，以便为图书馆的长期运行、资源管理与利用、全面规划提供决策参考信息。

（三）深度整合

深度整合是指在整合协同的服务平台基础上实现资源深度融合的服务管理。通过广播电视网、电信网、互联网的三网融合，外加物联网和卫星传感网的协作，集成基于云计算平台的多源异构数据，实现知识服务的同步、融合与同化，形成具有高度整合性的信息基础设施。

（四）便捷高效

实现节能低碳的成本控制和准确快捷的智能预警功能，既是智慧图书馆的特点，也是智慧图书馆努力要实现的目标之一。便捷、高效本身就是智慧内涵的真实内容。根据对互联、整合数据的挖掘，以更低的成本和更高的效率为用户提供不同要求、不同层次的个性化服务。

（五）服务创新

依靠个性互动的智慧服务达到数字惠民的服务精髓。依托互联、感知、整合的信息化基础设施，构建新的服务模式或服务结构体系，同时智慧图书馆服务网络的建立使用户、组织和图书馆具有了更加多样化的联系与合作关系，它们在互联的信息化基础设施上实现广泛而深入的创新服务，为图书馆用户的全面发展提供源源不断的动力。

二、知识服务模式

付仁林提出了一种基于维基百科的知识服务模式，开发了一个知识活动地图，系统用于区分和识别维基知识领域，该模式能激活潜在的知识提供者为知识需求者提供服务。斯旺森（Swanson）等指出，国外部分学者认为知识服务主要包括四种类型：一是内容、产品、服务、方案；二是开发产品包括数据库、技术报告、科学论文、宣传材料、政策、规则、信息系统等；三是提供服务包括讲授、解答、建议；四是分享解决方案包括规划、方向、态度、整合等。A. S. 拉斯（A. S. Rath）等提出，知识服务大体有三种类型：一是文献检索；二是集中向用户提供满足其完成工作任务的知识；三是在不同人之间分享相似工作任务所需的知识。

笔者认为图书馆服务包括文献服务和数据服务两种信息来源的具体形式。文献服务从藏书功能开始，以原始文献（一次文献）为主要服务形式特征，再开拓以文献为中心的参考咨询服务和两代学科服务。传统服务围绕着印刷型文献展开，处理对象主要为纸质文献，参考咨询处理对象主要为文献（外部特征），学科服务处理对象主要为文献（内容特征）。但不管是参考咨询还是学科服务，虽然范围扩展了，服务内容丰富了，服务方式变化了，但始终都是围绕着文献开展相关服务。传统服务、参考咨询服务和学科服务的实质还是文献服务。笔者把围绕文献展开的相关服务模式称为图书馆第一服务模式，也是目前图书馆的主要服务模式。数据服务模式是在大数据时代由于信息颗粒度细化产生的新的服务模式，是分离文献载体外壳进行的数据服务。狭义的数据服务处理对象主要为原始关联数据。新的数据服务模式的出现体现了以文献为唯一形式特征到以数据和文献两个形式特征的演化，且两种服务模式将会长期并存。

第二节　图书馆智慧化知识服务延伸模式

一、智慧图书馆知识服务情境的内涵与要素

智慧图书馆发展的终极目标是建设成为最理想的知识共享、知识创新与协同创造平台。这一目标的实现必须依靠切实贯彻智慧图书馆"以人为本"的理念，把促进人的全面发展作为根本宗旨，以促进图书馆与用户、资源与服务、创意空间与协同环境的可持续发展为根本着力点。因此，智慧图书馆的发展目标与理念对其服务情境提出了更高的要求。智慧图书馆服务情境以用户为中心，以"用户智慧的再生产"为核心，借助新兴信息技术在知识服务中的应用，实现新兴的网络社会形态与现代用户知识需要之间的有效整合与协同，为图书馆用户的全面发展创造良好的信息服务环境。

智慧图书馆知识服务情境提供的信息知识服务具有个性化、层次化、多元化、精准化的特征，这就使得知识服务平台的基础支撑作用更加凸显。智慧图书馆的知识服务平台一方面要能准确识别特定情境中特定用户的个性化需求，另一方面还要能对特定用户的个性化需求进行知识匹配并及时推送出具有适配性的服务内容，这一过程实质上体现了智慧图书馆知识服务适配功能与图书馆激励性功能。① 而这些功能的实现有赖于智慧图书馆流程标准化情境与内容个性化情境。其中标准化情境以稳定性、标准性、可移植和可整合为主导，个性化情境以实时针对适应性、适量性、友好便捷性和安全有效性为主导。因此，智慧图书馆知识服务延伸的服务情境主要包括标准化情境和个性化情境。

二、智慧图书馆知识服务情境的构成

（一）标准化情境

标准化情境包括数据服务和信息服务情境中的相关内容。用户信息化程度的提高为智慧图书馆的发展与管理奠定了坚实的信息素养基础。智慧图书馆知识服务情境的流程标准化是根据知识服务平台系统的技术特征和知识服务流程与核心要素提出来的，其关注点在于服务流程是否标准和规范，服务平台是否稳定、安全与友好，服务是否支持模块化移植以及平台是否支持数据资源的整合等。信息检索与分析是智慧图书馆知识服务的重要组成部分，基于对各种异构的数据进行逻辑分析和处理，才能为知识服务情境提供坚实的数据支撑。同时，在智慧图书馆的知识服务情境构建上要充分考虑用户的时间成本和精力成本，将平台的服务拓展性和性能优化纳入设计过程中，保

---

① 陆丽娜，王玉龙.智慧图书馆［M］.哈尔滨：东北林业大学出版社，2017.

障用户对图书馆资源的自由调度以及各项功能的无障碍使用，实现服务内容、服务水平和服务层次的全面升级，使其更符合用户的个性化需求。通过规范流程和提升系统的容错度而提高服务的稳定性与操作性，从而达到规范操作与维护平台稳定的作用；通过优化情境的数据资源的组织进行知识挖掘和资源的聚类融合等能力提升服务平台的可整合性能。

（二）个性化情境

个性化情境包括知识服务和智慧服务情境中的相关内容。智慧图书馆服务个性化情境中的激励性指的是具体的服务内容与用户个性化需求的精确适配性和对用户的持续激励作用，它主要解决的是如何通过用户与服务的交互来满足用户个性化的信息知识需求的问题，并安全准确地提供适时适量的、有针对性的有效服务内容，满足用户需求从而对其继续使用行为起到正向激励作用。较之传统的数据（文献）信息服务，智慧图书馆知识服务的最大特点在于它不仅是向用户提供现成的数据、文献或信息，更重要的是在充分挖掘用户的个性化需求的情况下，广泛收集、组织信息，并对其进行筛选、分析、加工和重新编码以形成新的知识产品或方案，为用户提供深加工的三次文献产品，以求辅助用户决策或直接提供解决用户实际问题的知识产品，达到满足用户多层次、个性化需求的目标。

智慧服务包括语义分析、用户情境计算、图像的 ROI（Region of Interest）定位以及知识服务搜索引擎等技术内容。在语义分析过程中，对文本、MVS（Multiple View Stereo）数据和图像等数据资源进行语义提取、分割、计算和分类管理，描述数据信息与知识语义信息之间的对应关系，用语义标签标注等。用户情境计算是针对用户行为情境进行综合分析的过程，旨在通过用户情境模型的建构来推理用户的情境进而预测用户可能的需求和意图，以实现将情境分析结果整合嵌入智慧图书馆知识服务的全过程的目的。通过对图像的 ROI 定位与信息提取，抽取出符合用户情境的目标与主题，能够大幅减少信息搜索范围和计算复杂程度，从而确保 ROI 定位的准确性，有利于图像分类与识别精度的提升。因而，智慧图书馆中的语义分析、用户情境的融合以及图像的 ROI 定位是知识服务过程需要解决的重要问题。

三、智慧图书馆知识服务延伸的服务情境建构策略

智慧图书馆服务情境交互的激励性功能是智慧图书馆知识服务延伸的最终目标和终极归属。因而，智慧图书馆在顶层设计上需要注重激励方式的规划、在管理制度上引导服务理念的变革、在队伍建设上加强馆员的专业素养的提升，以用户为中心，尽可能提供适合用户持续使用的服务和设施。另外，在充分考虑用户需求的基础上，可建立相应的管理和激励机制，由馆员适当引导用户的持续使用活动，加强用户体验，激发用户的使用兴趣和意愿，积极引导新用户的加入和交互体验。

（一）构建精准追踪用户个性化动态需求的自适应服务情境

通过物联网设备进行数据互联对用户需求进行实时捕捉，提升服务反馈的及时性能，通过及时响应用户的信息诉求，促进服务走向适时适量与质量优化，切实为用户提供符合其个性化发展所需要的知识服务；能够让用户在对信息自由利用与共享的基础上实现知识发现和知识的协同创新，进而提升智慧图书馆知识服务上的协调共创性；为了智慧图书馆知识服务的适用性功能，需要着力优化服务的拓展能力，通过对用户行为的全面追踪来了解用户

偏好和行为习惯，缩短用户期望与用户感知之间的差距来提高服务的有效性能，实施对用户需求的全面了解与精准预测，根据预测结果进行信息推送，最终实现智慧服务。对知识服务的方式和方法要根据服务的情境而实行柔性的策略，因个人兴趣而异，因知识结构而异，因服务情境而异。通过对用户行为的全方位分析，实时获取用户的信息需求，结合用户行为分析和背景调查来进一步解读他们的习惯偏好，分别为每一位用户建立相应的行为档案，将用户的需求偏好和认知预测结果记录在行为档案中，为后续进行的知识匹配提供科学数据支撑，实现为每一位用户提供具有个性化的内容推荐、主题定位等服务。

在对用户进行行为捕捉和分析时，还应注重对用户的保护，智慧图书馆要系统构建用户隐私保护机制，全面强化系统的防护能力，杜绝人为和恶意侵犯隐私事件的发生。首先，在用户接受智慧图书馆之初就向其提供用户隐私保护政策和声明，积极引导用户自由地进行个人信息披露。其次，智慧图书馆服务内容的精准化推送与用户交互行为的有序化引导是建立在对用户使用习惯和接受能力全方位了解的基础上的。这一过程需要对用户的认知行为进行预测，推动资源情境化重组和用户聚合实现资源的按需动态推送，从而实现为用户提供个性化定制服务，还需要借助第三方数据来辅助了解用户的定点需求，从而有效提升平台反馈的时效性和准确度。最后，智慧图书馆要广泛拓展智能阅读、智慧学习、社区化小组互动、扩展性的再生内容应用以及自定义存储等方式和渠道，促进用户之间进行知识资源的多维度交流、共享、利用与创造，推动交互平台的适用性能优化升级。积极采取措施发展服务帮助功能、合理引导用户的信息期望、逐步优化用户体验与信息资源，以期实现智慧图书馆的资源、技术、服务与用户需求偏好之间的完美契合，增强用户的主动参与意识和忠诚度，使智慧图书馆的个性化服务更具普适性与有效性。

（二）发展核心竞争力的新型智慧服务专业人才

图书馆只有从宏观战略上明确面向智慧图书馆的功能定位和长远发展，从微观策略上重组内部业务环节，重视对馆员新型专业能力和新型服务能力的培养，不断加强其适应能力与创新能力，才能更好地推动图书馆向智慧图书馆的转型发展。人员再造是指开发图书馆馆员的专业服务能力，具有相对于用户的比较优势，新型智慧服务需要提高图书馆馆员的综合信息素养和合理利用新型专业工具的能力，更加突出开发和利用图书馆馆员独特的知识和技能优势，形成一支为用户服务的专业化队伍，最终形成未来图书馆具有核心竞争力的专业优势。

（三）构建激励推进型的开放式创新管理机制

智慧图书馆用户感知激励的实现源于资源整合和情境融合的改善，这一过程同时又体现了服务流程标准化和内容个性化。因而，智慧图书馆在服务情境的构建上需要充分分析知识服务的功能属性特征，以用户的个性化需求为导向，整合平台功能属性与服务情境，实现管理激励的优化和平台的创新与再发展。其中管理激励的内容应该包括两方面：一是对图书馆专业馆员的激励；二是对用户使用平台的激励。

管理的重心应当从管理资源向管理服务转变，而管理服务的关键在于管理人才，管理人才的关键在于激励人才，激活和使用现有人力资源成为管理的重中之重。激活人才要素的创新功能对图书馆知识服务延伸的意义非常重大。智慧图书馆人才建设除了要有相应的人才配备，还要有合理的人才作用机制，依靠人才、激励人才、发挥人才的优势和特长，只有这样，智慧图书馆知识服务人才的队伍建设才能真正符合智慧图书馆新型知识服务的要求。另外，智慧图书馆知识服务仅仅依靠个体馆员的力量很难完成深入复杂的服务项目，还要依靠专业团队的协调运作，因而对个体进行激励的同时还需要对整体团队的人员配备情况、服务团队的协作能力、知识更新能力等方面进行协调激励。

第三节　基于数据生态的图书馆智慧化知识服务模式

一、基于数据生态的图书馆智慧化知识服务模式构建的目标

开放数据和信息技术的不断兴起与发展促进了传统产业的转型，图书馆作为知识服务行业的一员，在用户的信息生产、消费观念和阅读习惯发生深刻变化的背景下，其知识服务的关键正转向提高知识服务内容与用户需求的契合度，因此图书馆知识服务价值共创模式构建的目标是：以价值增值为导向，以用户知识服务需求为核心，利用先进的大数据技术，通过知识服务价值共创平台，将开放数据资源、知识服务产品等整合起来，构建数据生态环境下动态的、集成的知识服务模式，实现服务主体的价值共创，以推动图书馆服务发展的生态化。

服务蓝图法是一种服务设计工具，它可以准确地描述出服务体系，以流

程图的形式，通过持续地描述服务提供过程、员工和顾客的角色以及服务的有形证据来直观展示服务。服务蓝图有五个典型的组成部分：用户行为、前台可见的接待员工的行为、后台不可见的接待员工的行为、支持过程、有形证据。这五个组成部分被交互分界线、可见分界线、内部交互分界线三条分界线分开。

由于服务蓝图能够有效地将服务分解成提供服务的步骤、任务以及完成任务采用的方法，这样使服务提供过程中涉及的服务人员都能清楚了解自己的责任，还能使管理者清晰辨别出影响客户满意度的因素与服务工作的薄弱点，因此，服务蓝图的主要用途是帮助服务组织开发和设计新服务、改进服务流程、控制服务质量，从而改进服务组织的服务质量，增强在行业中的竞争力。

在图书馆的知识服务价值共创中引入服务蓝图，可以详细地分析知识服务价值共创的过程，促使管理者从价值共创的角度、从用户的角度去考虑图书馆的知识服务价值共创工作，从而确立正确的图书馆知识服务价值共创理念，提高图书馆工作人员的服务意识和价值共创理念。

二、基于数据生态的图书馆智慧化知识服务价值共创的蓝图设计

图书馆知识服务价值共创的过程分解，旨在明确价值共创的每个步骤以及各个角色的职责，并且充分考虑了图书馆的线上服务与实体图书馆知识服务的整合，这符合图书馆知识服务价值共创的现状。在图书馆知识服务价值共创过程中的五个部分构成了完整的服务蓝图：有形展示、用户可视行为、前台可见行为、后台不可见行为、支持过程。

用户与图书馆工作人员协同合作，共同创造并提供满足用户需求的解决方案。用户到访图书馆或者登录网站，通过查阅咨询或者直接提出价值主张，然后图书馆辅助用户，或者通过在线讨论或者交互实现价值交换。在该处会有很多互动行为发生，互动中完成探知用户价值需求与建议、参与价值共创并接收其反馈的过程。参考图书馆知识服务价值共创蓝图的交互分界线部分，可以清楚地了解用户与图书馆哪部分服务人员发生了互动。

图书馆管理人员有目的地确定安排哪些人员与用户接触，以及用户可见价值共创的范围，从而促进合理的知识服务设计；图书馆服务蓝图如果有交互分界线，那么即刻标识出用户和服务人员的交互部分，就能明确用户在此外的哪一个环节能感觉到价值共创，这使得图书馆人员能够有效地引导用户积极地参与知识服务价值的创造过程，也有助于图书馆馆员识别价值共创过程中的薄弱环节，从而有针对性地进一步改进服务质量。

三、基于数据生态的图书馆智慧化知识服务价值共创模式构建及阐释

图书馆知识服务价值共创模式构建的目的是打破用户与用户、用户与图书馆馆员以及图书馆人员之间的知识分割，将他们联系起来，完成知识聚类，从而为用户提供个性化、专业化、集成化的知识服务。因此，在构建图书馆知识服务价值共创模式时，要充分体现以用户价值创造为中心的构建理念，遵循服务蓝图的设计思想，并结合影响图书馆知识服务价值共创的因素，将图书馆知识服务价值共创模式初步分为四个层次：互动层、服务层、流程层和支撑层。

（一）互动层

知识服务的需求因素包括反映用户及需求特征行为，其中用户的行为偏好以及反馈和建议，能够清晰地让图书馆捕捉到价值共创的切入点，而服务蓝图能够清晰地描绘服务过程中图书馆与用户之间互动的过程。因此基于价值共创得以实现的核心因素，即知识服务需求，同时借鉴了庞庆华等人构建的电子政务服务蓝图的思想，本小节构建了图书馆知识服务价值共创的互动层，图书馆与用户都是价值共创的主体参与者，通过互动实现价值共创。

图书馆在价值共创活动中的角色是引导和激励，因此图书馆需要对价值共创的实现目标和效果进行选择与定位，在此目标下，开通多种渠道，利用价值共创平台，如在线咨询、社交媒体等，组织用户参与，与用户共同设计服务过程，并不断地进行完善，根据用户反馈的建议和问题，合理改进服务，以保证价值共创的顺利进行。

在互动层面，价值共创的实现是以用户的知识服务需求为前提的。数据生态下，用户面对大量数据资源，需要快速准确地获得达到自己目标所需的知识，这就需要图书馆知识服务人员的数据清洗与挖掘服务。在这一过程中，大数据相关技术展现出强大的功能，它可以为用户提供技术支撑和交流平台，实现用户之间、用户与馆员之间及时快捷的交互和反馈，促进知识的流动以及对用户喜好的准确定位。

数字化技术支持了在线互动，使图书馆可及时了解用户的需求。面向图书馆，知识服务平台一方面能够将用户的访问及互动信息搜集汇总，并进行分析挖掘，另一方面通过互动渠道，主动追踪用户的信息行为。面向用户，多平台、多渠道的互动和信息推广使得用户能够便捷地获取信息。根据访问及互动等信息提供的数据增值服务还能够给企业带来新的发现与机遇，从而实现服务增值。①

（二）服务层

在图书馆知识服务价值共创中，价值共创理念的认知以及资源整合，决定了价值共创的发展方向。而服务蓝图是围绕服务进行设计的，因而梳理出图书馆知识服务价值共创的服务内容非常必要，因此笔者构建了图书馆与用户之间的服务层。

数据生态环境下，服务层是在知识库、数据库、集成层基础之上建立的，是向用户提供知识服务的核心模块，主要包括价值导航、价值定位、价值增值等。其中价值导航是根据互动层中探知的用户需求，为用户提供相应的导航，不同的导航指向不同的价值定位；价值定位的步骤为知识诊断、知识分析、知识决策；价值增值则是在完成知识服务的总过程后，判断图书馆与用户是否实现了双重增值，对于图书馆来说，通过提供的服务实现馆内资源的知识聚类和重组，为用户提供个性化服务，以知识创新推动服务创新。服务层作为核心模块，借助大数据以及云计算等技术，需要其强大的处理和匹配功能支持。

服务蓝图之下的图书馆知识服务价值共创的服务层，可以展现图书馆提供的服务内容。图书馆致力于解决用户遇到的战略决策、资源管理利用、知识转化等方面的问题，通过一整套清晰的流程，将海量的显性知识与隐性知识进行加工处理。具体来说，就是秉承着价值共创的理念，图书馆馆员与用户一起整合并处理各种有用的知识资源，共同创造出满足用户需求的解决

---

① 朱纯琳.基于数据流动的图书馆智慧服务生态系统构建研究［J］.图书馆，2021（01）：49-55.

方案。

（三）流程层

流程层是展现整个价值共创的过程，在这一模式中，图书馆为用户提供知识服务的全过程被清楚地描绘出来，那么价值共创发生在哪一阶段，价值定位和价值增值在哪一过程中得以优化，均可以展现。

知识服务人员全程参与，因此图书馆知识服务价值共创的直接因素，即知识服务人员的素质，对价值共创的流程起关键作用。首先，用户向图书馆馆员提出知识服务的需求，图书馆馆员在与用户进行充分沟通的基础上，进行需求诊断、价值判断。其次，图书馆馆员收集整理与用户需求相关的各种信息资源，将其整合后组织服务人员开展工作，最终形成解决方案，完成决策服务。再次，让用户判断方案是否符合其要求，并形成对图书馆知识服务能力和水平的评价，该步骤即价值共创的互动部分。最后，图书馆需要追踪方案的实施效果，并且及时地获得用户的反馈信息。该流程层的顺利进行需要图书馆馆员与用户进行反复多次的沟通。

这个过程中，互动和对话是双方创造最佳价值的必要路径。图书馆作为价值引导者，用户作为合作者，分别提供需求，设计决策过程在价值共创中是最核心的活动，如果双方在合作中未能积极地整合已有的资源，最终很难达到价值共创。价值共创流程层和所需的数据信息资源是图书馆知识服务价值共创中的一项重要活动。图书馆作为价值共创组织者，需要去识别、挖掘、收集和整合相关资源，使价值创造成为可能。图书馆也需要识别和调动馆外资源，从而寻找出用户可能接受的方案。

（四）支撑层

知识服务价值共创的外在环境和内部平台等基础建设，是价值共创得以实现的驱动性因素，基于此，本小节构建了支撑层。模式的运行离不开组织结构和资源方面的支持。对于图书馆来说，价值共创的组织架构和资源是进行知识服务价值共创的基础与前提。图书馆的资源包括实物资源、人力资源等，其中实物资源包括馆舍资源、设备资源、组织架构等。在各类资源中，人力资源是最重要的组成部分，图书馆馆员是知识服务价值共创的主体，是提供知识服务的关键。他们参与到知识服务产品生产、加工以及价值共创的平台建设的各个环节中，关系着图书馆价值共创的策略制定、实现效果。在创造和提供知识服务产品的过程中，图书馆馆员要具有较强的职业能力、专业能力、技术能力、学习热情、探索精神、创新及合作意愿、实践技能等。在数据生态环境下，大数据的技术环境、组织机构的竞争环境和政策环境都影响着模式的运行。

服务蓝图的方法具有许多优点，包括直观展示、沟通方便、容易理解、功能多元和灵活易改。该模式的展示和解读，偏向于价值共创服务主体，即图书馆和馆员，它比较容易学习、运用甚至修改价值共创的步骤以满足特殊的需求。服务蓝图模式使服务设计人员能够洞悉每一个环节，以及用户行为和流程的连接。其作用主要表现为以下方面。

促使图书馆全面、细致、准确地了解所提供的知识服务，有针对性地设计价值共创的过程，更好地满足用户的需要；帮助图书馆建立完整的知识服务价值共创程序，明确服务职责，从而对员工进行有针对性的培训，建设价值共创人才资源；有助于理解各部门的角色和作用，增进价值共创中的协调性；有利于图书馆有效地引导用户参与服务价值共创的过程并发挥积极作用，明确服务控制的重点，使服务提供过程更合理；有助于明确知识服务价值共创过程中的薄弱环节和失误节点，以此针对性地反馈和改进，来提高知识服务质量和价值共创的效果。

通过构建图书馆知识服务价值共创的理论模型，以及图书馆知识服务价值共创的过程，笔者将根据图书馆知识服务价值共创的模式出发，为图书馆知识服务价值共创的实现和完善提供对策与建议。

四、基于数据生态的图书馆智慧化知识服务价值共创对策分析

理论方面，目前国内外学者对于图书馆知识服务的研究十分丰富，但是关于图书馆知识服务价值共创的研究较少，且并没有形成较为体系化的理论，使得研究缺乏系统性和深入性。基于数据生态的图书馆知识服务价值共创是一个新兴的概念，其本质是通过对图书馆用户行为、知识服务价值共创平台和价值共创方式的综合考虑，构建起以用户为中心，重视用户参与价值创造和知识贡献的新型图书馆知识服务价值共创模式，其内涵和外延有待于运用大量的研究进行论证。只有首先构建起完整的理论体系，从多元的研究视角中归纳总结出研究的问题和目标，才能为后续的研究提供理论指导。而目前图书馆知识服务价值共创的相关研究尚处于萌芽状态，缺乏相关的系统理论支持。

实践方面，虽然已经具备了诸如中国科学院国家科学图书馆这样的符合价值共创条件的实践主体，但是目前图书馆知识服务价值共创在实践方面还不够成熟。许多公共图书馆、高校图书馆通过超星移动图书馆、微信公众平

台等方式构建了服务平台，但是社会价值共创的理念和实践进展整体较为滞后，知识服务仍停留于提供数字信息查询、获取等一般业务层面，面对用户日益增长的个性化服务需求以及商业化知识服务组织机构的竞争，已经显露出乏力的态势。图书馆知识服务价值共创相关实践尚存在许多不足之处，有待于更多图书馆进行相关方面的探索，在实践中总结经验，对更多图书馆知识服务的价值共创发展起到指导作用。

根据以上的分析可以看出，图书馆知识服务价值共创的实现具备合理性和必要性，但是又存在着理论与实践支持上的不足。在总结影响因素模型及实现模式研究的基础上，我们可以探究数据生态环境及图书馆知识服务价值共创实现的对策，为未来图书馆知识服务价值共创的实现和完善提供参考。

（一）借势互动平台，聚合用户能量

作为价值共创活动的引导与组织者，图书馆需要借势价值共创平台，完成价值共创的角色职能。

1. 借助开放的图书馆资源共享服务平台

数据生态环境之下，图书馆的信息资源不仅包括馆内资源，如文献信息资源、数字资源和多媒体资源等，也包括馆外的所有网络信息资源。这对图书馆的信息资源体系建设提出了更高的要求。

依据资源建设存在的问题有：馆藏资源分散，缺乏知识关联，为检索查找和利用带来了困难；图书馆已有馆藏资源的利用率不高；馆际互借等平台的开通，并未解决各图书馆在资源建设方面共享度不高的问题。

数字化技术应用于图书馆进行知识服务，可以构建信息资源的知识网络，一方面使图书馆集中对已有馆藏资源管理和重组，通过知识网络帮助用户发现更多可利用资源，由此获取更多更深层次的知识，实现了知识的再利用；另一方面还可依据平台的用户数据库，获取用户的行为信息，通过信息分析可主动感知用户的知识服务需求，从而给图书馆以参考和指导，有助于图书馆去搜寻用户真正所需的资源，避免盲目和浪费。

同时，数据技术，特别是大数据服务的实施难度比较大，不同图书馆之间可以互动和交流，推进不同服务主体之间的价值交换，促进技术和资源信息的共享，推动图书馆的合作与共享，走向价值共创。

2. 构建全面的图书馆知识服务价值共创平台

图书馆知识服务价值共创平台的建设与维护离不开数字化技术与信息工具的支撑，数字化技术包括云计算、大数据、密码技术等，信息工具包括数据库、知识库、数据挖掘工具等。通过技术与工具的支持，确保平台的开放性、兼容性、易用性、安全性与扩展性，从而构建一个集感知、整合、挖掘、分析、共享为一体的图书馆知识服务价值共创平台。

（二）注重服务价值，提升用户体验

图书馆知识服务价值共创强调价值主体双方实现有效的沟通和对话，而非图书馆单向的服务推广。因此，图书馆需要注重服务价值，与用户积极沟通，提升用户的价值共创体验。

1. 开展主动的图书馆资源推荐及推送服务

资源推荐服务是指图书馆把被动接受用户寻求知识服务转变为主动提供针对性强的服务，目前绝大多数图书馆都利用社交媒体、公众平台等开展了推荐服务，主要是内容推荐，其中的获取途径即检索、链接等，而内容推荐则主要有热点活动推荐、阅读主题推荐等。这种推荐服务推荐局限于资源获取途径、传统的阅读相关主题，因此这种推荐未能深入内容，而且趋于同质化，即同时所有用户共用相同推荐，缺乏针对性和个性化。

图书馆可借助互动层的价值挖掘，来提高推荐服务的知识性和针对性，通过大数据技术，对海量的馆内馆外资源进行筛选，并且那些未得到充分利用的非结构化信息可以再次快速挖掘，以求增加资源内容的维度、知识关联。并且在充分构建引文网络、相关性网络等基础上，还要对用户的各类信息行为进行大数据挖掘和分析，针对不同需求的用户进行标签化，再以分组的形式为用户推荐更有针对性和个性化的资源推送，来提高用户黏性，以此吸引更多的价值共创客体。

2. 优化人员配置

数据生态环境和价值共创的理念，对图书馆的馆员提出了更高的要求。为了更好地利用数字化技术和挖掘用户资源来提高知识服务的质量与水平，知识服务人员在具备扎实的专业技能的同时，也必须要学习和了解知识服务价值共创的理念与技术基础，以便能够更好地结合自身业务实际需求来有针对性地使用数据这一资源。人员配置方面，目前图书馆的知识服务人员主要以研究型馆员为主，缺乏高水平的专业技术人员，特别是网络软件应用技术方面的人才，图书馆很多优秀的成果以及便捷的数据获取技术难以在实践中应用，因此将数据思维和大数据技术应用于知识服务价值共创，将显著提升馆员的数据素养，从而促进高校图书馆知识服务人才的服务价值和知识价值的增值。

（三）聚焦共创流程，优化服务设计

图书馆知识服务价值共创的过程是研究价值共创问题的基点，它既连接着图书馆与用户，也将知识服务价值共创的各项要素融于一体。图书馆是价值共创过程的组织者，需要聚焦于图书馆知识服务价值共创的流程，去识别、收集并整合资源，使价值共创成为可能。

从图书馆层面来说，需要整体规划价值共创流程，制定相应标准，将价值共创对图书馆的发展作用提高到战略层次上，统筹规划图书馆知识服务价值共创的机制建设。只有整体规划，完善标准，才能给图书馆和用户构建清晰、易理解、好实践的图书馆知识服务价值共创体系，明确价值共创的流程。

图书馆需要注意识别用户的价值主张，调动用户资源，如用户目前已经拥有的资源情况、所需的信息类型等；然后提出用户可接受的解决方案，树立可信赖的知识服务价值共创品牌，提升用户对所拥有信息和其他资源的可用性、安全性认知，同时培养用户的忠诚度，通过优化服务体验创造更好的使用价值。

五、利用资源支撑，延伸知识价值

在价值共创的实现蓝图下，图书馆的支撑层是开展价值共创活动的支持条件，目前图书馆业务部有信息咨询部、参考咨询部、采编部、情报部等，而知识服务不仅需要业务人员的相互配合，而且也需要技术和基础设施的大力支持，因而图书馆的业务部门需要进行科学的业务重组，明确专业分工，加强各部的联系，完善价值共创的组织架构。

（一）加快数据开放进程

数据开放已成为网络发展和社会经济发展的趋势，图书馆应顺势而为，采用循序渐进式推进数据开放，并且依靠专门的网站，用数据的多种格式开放数据。数据开放应以用户需求和市场需求为导向，让用户在数据的开放进程中逐渐主动参与，做开放数据的使用者、共享者、建设者，从而深化价值共创。数据开放带来的影响是各方面的，包括促进科技创新、催生新兴业态等，它们将对图书馆知识服务的发展及价值共创的实现产生不可估量的积极作用。

（二）用户层面

目前，用户参与图书馆知识服务价值共创的意识较弱、主动性不强，许多用户仍然处于被动接受价值共创的阶段，有些用户甚至没有接触过价值共创。图书馆需要让用户明确，图书馆是服务的提供者、需求的响应者，只有用户本身积极参与价值共创，参与服务提供的过程，图书馆才能不断地改进服务，才能提高知识服务水平。

以组织架构为支撑，聚合基础资源、信息资源等，使得用户更加需要图书馆的服务，同样，图书馆也更需要用户的参与，二者以合作者的身份进行价值共创。

用户需要转变服务被动接受者的角色，增强图书馆知识服务价值共创的参与性、互动性，意识到自身角色对价值共创的重要性。通过流程层多样的渠道支持，如门户网站、微博、微信及论坛等，通过这些互动入口与图书馆沟通交流，提出自身需求与建议，以便图书馆有根据地对工作进行改进，提升用户的服务体验，实现双方的价值共创。

第四节　数字时代出版机构与图书馆知识服务融合模式

数字时代，出版机构与图书馆协同开展知识服务融合是顺应时代发展的趋势之举。对出版机构与图书馆知识服务融合的研究旨在为出版行业与图书馆行业协同发展提供一种新的视角和思路，并为我国知识服务大环境的优化带来新的尝试。对出版机构与图书馆知识服务融合的维度和层次进行分析，是深入剖析数字时代出版机构与图书馆知识服务融合实施的重要环节。

（一）出版机构与图书馆知识服务融合的维度

数字时代，数字信息技术的成熟与发展，为知识服务机构的合作、知识资源的集成、知识服务的融合提供支持，在此背景下，对出版机构与图书馆知识服务融合进行研究变得顺理成章。鉴于出版机构与图书馆知识服务融合主要涉及机构、资源、服务（用户）三方面事宜，可从以下三个维度着手奠定数字时代出版机构与图书馆知识服务融合实施的依据。

1.机构维度

知识服务机构是提供知识服务的主体，在一定程度上决定着知识服务的方式、对象、内容等。所述数字时代出版机构与图书馆知识服务融合，所涉及的知识服务主体为出版机构与图书馆这两类在知识服务方面已有所建树的机构，机构维度分析的是出版机构与图书馆围绕知识服务融合所开展的协作，是机构层面的协同合作所讨论的知识服务融合的前提和基础，本节围绕出版机构与图书馆的跨机构协作而展开。

业界有专家分析过出版机构与图书馆知识服务的不同之处，如在实际情况中，我国出版机构与图书馆机构所开展的知识服务存在差异，这表现在：首先，前者要兼顾社会效益与经济效益，后者则以社会效益为重。其次，前者是知识资源的生产者，后者并不生产知识。最后，前者由政府主管部门推动知识服务自上而下开展，后者则由学术界发起。笔者认为，这并不能成为出版机构与图书馆之间就知识服务实现跨界协同合作的阻碍，一方面，随着数字技术的不断进步，图书馆跨界开展出版服务已成为常态，这逐步改变了图书馆不生产知识的固有印象，其有与出版机构竞争和协作的资本。另一方面，由国家广播电视总局（以下简称"总局"）推动的知识服务，除有益于出版机构知识服务经济效益的实现，也有对公共文化服务方面基础性知识供应与国家级公益性知识服务的兼顾，出版机构的知识服务有与图书馆知识服务对接的可能和契机。除此之外，数字信息技术的成熟与发展、知识服务人员专业素养的提升，以及出版机构与图书馆之间能够实现资源互补等，也都能论证数字时代出版机构与图书馆协同配合开展知识服务融合工作的切实可行。①

由于出版机构与图书馆是两大类机构，无论是出版机构，还是图书馆，都分别包含不同类型、不同级别的相应机构。如出版机构从出版内容的角度可以分为教育出版机构、专业出版机构、大众出版机构、综合出版机构，从隶属关系的角度可以分为国家级出版机构、地方出版机构，从数字出版产业链角度可以分为内容提供商、平台运营商、技术开发商、终端分销商，等等。同样地，图书馆从服务对象的角度可以分为大众图书馆、研究型图书馆，从隶属关系的角度可以分为国家级图书馆、省级图书馆、地市级图书馆等。因

① 张丽媛.数字出版机构与图书馆合作策略研究［D］.哈尔滨：黑龙江大学，2013.

此，研究出版机构与图书馆之间就知识服务融合达成的协作，应考虑到出版机构与图书馆的不同类型和级别，这也是探讨机构维度的意义所在。具体来说，应针对知识服务融合的特定目的，选择合适类型、级别的出版机构与相匹配类型、级别的图书馆结为协作伙伴关系。这在数字时代出版机构与图书馆知识服务融合的具体实践中会有所体现。

2. 资源维度

知识资源、技术资源、智力资源等资源要素，是数字时代出版机构与图书馆知识服务融合的重要组成部分。知识资源作为知识服务融合的客体之一，也是之后知识服务提供的内容；技术资源、智力资源为知识服务融合提供支撑和保障。但知识资源相对于技术、智力等资源而言，可变性和决定性更强，对知识资源的选择关乎所提供知识服务的性质、类别和效果。因此，所讨论的资源维度核心在于知识资源，分析的是在数字信息技术、复合型专业知识服务人才的支撑下，以相应法律、制度、标准等为保障，出版机构与图书馆异构知识资源的集成、利用方案。

知识资源是知识服务的核心组成部分，出版机构与图书馆知识服务融合涉及出版机构与图书馆之间知识服务的跨机构协作，也势必涉及这两类机构知识资源的整合，知识资源整合的重要性不言而喻。数字时代，技术的成熟与发展为知识资源的整合提供了支撑，也在一定程度上推动着知识资源的整合。虽然出版机构与图书馆之间的协同合作存在一些障碍，但国内外两类机构在编目业务、阅读推广、出版协作、数字资源整合与长期保存等方面的合作实践证明了二者协作的可行性。尤其是在数字资源整合与长期保存方面，具体而言，国外实践如由荷兰国家图书馆牵头，欧洲 7 个国家图书馆与 3 个主要出版社参与的数字资源合作项目；国内实践如由哈尔滨报业与哈尔滨市图书馆建立的大型公益数字化阅读平台等。这些成功实践都能为出版机构与图书馆之间的知识资源整合提供可靠的借鉴思路和方案。众所周知，出版机构与图书馆关系密切，二者之间既有竞争又不失合作，相互依存、互利共生，长久以来的业务往来、彼此磨合、协同实践为知识资源整合奠定了基础，这无疑提升了出版机构与图书馆知识服务融合的可操作性。

由于出版机构与图书馆两类机构的知识资源存在分类、标准规范等方面的不同，决定了出版机构与图书馆知识服务融合的具体模式的不同。因此，对资源维度的分析涉及知识资源整合的分类、标准规范等问题。以知识资源分类为例，若按公益知识资源、非公益知识资源进行分类，可使出版机构与图书馆知识服务融合分为公益性知识服务融合模式和营利性知识服务模式。又可根据非公益知识资源分为学术知识资源、商业性知识资源等类别。营利性知识服务模式可包括学术交流知识服务、商业决策知识服务等模式，这在数字时代出版机构与图书馆知识服务融合的具体实践中会有所体现。以标准规范为例，目前，国内外相关项目未有统一的知识资源组织方法与框架，出版机构、图书馆的知识资源组织方法与框架也往往有所不同，探讨二者的知识服务融合，有必要寻求双方标准规范的一致方案，如元数据方案。

3. 服务维度

以数字信息服务"前后台"思想来看，数字时代出版机构与图书馆知识服务融合"后台"的知识资源、管理机制、制度环境等支撑要素为"前台"服务融合提供保障，即"后台"要素的支撑促使"前台"服务融合呈现出最佳效果，这通过知识服务融合平台得以落实。其所探讨的服务维度即分析知识服务融合平台的设计与实现。知识服务融合平台是与用户直接接触的知识服务使用入口，应满足用户一站式、便捷地、及时地获取知识服务的需求，其用户体验关系到知识服务融合的效果，因此对其进行研究有利于提升出版机构与图书馆知识服务融合效率。

数字时代，用户的互联网接触已成为常态，便捷的一站式需求的满足是其评价知识服务效果的重要指标，这使得其对知识服务融合平台具有很高的依赖度。而出版机构与图书馆知识服务融合平台的搭建，有赖于一系列"前台"要素的支撑与保障。知识服务融合平台的主要特点表现在其强大的集成性、融合性，包括机构、资源、服务的融合，也包括人才、制度、法律、标准等的融合。前文已经论述过，出版机构与图书馆两类机构具有跨机构协同合作的可行性，也在知识资源的整合方面具有可操作性，且不断发展的数字信息技术、复合型专业人才等前提条件逐渐成熟，只要在法律法规、制度机制、标准规范方面加以落实与协调，就能实现出版机构与图书馆知识服务融合平台的构建。在知识服务融合平台的构建方面，有学者针对其他诸如图博档、金融企业等领域的数字化服务融合平台、信息服务融合平台的构建介绍实践案例或提出实施思路和策略。这些也能在一定程度上为数字时代出版机构与图书馆知识服务融合平台的构建提供参考和依据。

鉴于知识服务融合平台的设计与构建涉及两类不同属性的知识服务机构，即出版机构与图书馆，前文提到，他们的经营性与公益性存在冲突，构成了知识服务融合的阻碍，因此，在"前台"服务层面上，有必要为这两类机构分别设计用户获取知识服务的入口。具体而言，分析的服务维度可通过两种方式实现。第一，出版机构与图书馆共用同一知识服务融合平台，可以是一站式主题门户的形式，也可以是移动终端 APP 的形式，抑或二者相结合的形式等，普通用户可以在简单注册的情况下通过该平台获取公益性知识服务；而针对商业性知识服务，用户需以个人或机构名义进行实名认证，并按使用情况支付相应费用。第二，出版机构与图书馆分别使用各自的知识服务融合平台，出版机构主要提供商业性知识服务，满足个人或机构出于功利或营利目的的需求；图书馆主要提供公益性知识服务，满足大众基本精神文化知识需求。当然，无论是以上哪种方式，"前台"知识服务融合平台为用户提供所需知识服务的同时，"后台"的知识资源、管理机制、制度环境等要素都是共融共通、协同一致为"前台"提供支撑的。

（二）出版机构与图书馆知识服务融合的模式和路径

数字时代，出版机构与图书馆知识服务融合实践形成了一定的模式，已在业界产生了一定影响。对数字时代出版机构与图书馆知识服务融合模式的分析有利于总结实践中取得的经验，以便加以推广；也有助于分析其中存在的问题，以便加以防范。基于数字时代出版机构与图书馆知识服务融合模式的介绍和分析，有必要总结其就当下而言有效的实现路径，以推动数字时代出版机构与图书馆知识服务融合的不断发展和完善。

1. 出版机构与图书馆知识服务融合的模式

出版机构是知识生产主体，人们工作、学习、生活所需要的各种知识归根结底大部分都是经由出版机构生产得来，为何是大部分，而不是全部，因为如今也有很多知识是跳过了出版机构由个人直接提供，这在当前数字时代尤为明显。实践中，出版机构与图书馆知识服务融合的模式主要表现为高校系统内的出版社与图书馆之间的知识服务融合，主要形成了四种模式，即基于第三方机构的模式、基于数字图书馆的模式、基于协作项目的模式以及基于在线平台的模式。

成立于 1930 年的密歇根大学出版社是隶属于密歇根大学的学术出版社，它与图书馆在开展知识服务融合方面拥有颇为丰富的实践经验。与密歇根大学图书馆通过学术出版办公室（SPO，Scholarly Publishing Office）构筑合作关系、共同开发 Fulcrum 出版平台；后又融入密歇根大学图书馆的 M. publishing 出版平台，继而协同美国优秀文科院校图书馆联盟奥柏林集团旗下的 40 余家成员单位、其他出版机构共同成立利弗出版社等。其中 SPO 是促成密歇根大学出版社与密歇根大学图书馆知识服务融合的大学系统内的第三方机构，M. publishing 出版平台则是支撑密歇根大学出版社与密歇根大学图书馆知识服务融合的密歇根大学图书馆所属平台，在数字时代出版机构与图书馆知识服务融合方面比较具有代表性。在学术交流知识服务融合方面，密歇根大学出版社与密歇根大学图书馆有着强烈共识，经由 SPO 协调，双方精诚合作，依托 M. publishing 出版平台，以学术出版协作为发力点推动学术交流知识服务融合。实际上，随着 SPO、M. publishing 逐渐发展成熟，密歇根大学出版社与密歇根大学图书馆最终融合成为一体，是馆社一体化发展的例证，是数字时代出版机构与图书馆知识服务融合的典型代表。

2. 基于数字图书馆的模式

加州大学数字图书馆（CDL，California Digital Library）由加州大学出版社与加州大学的图书馆在 1997 年共同创立，是加州大学的第 11 个图书馆（虚拟数字图书馆），其服务涉及资源服务、出版服务和用户信息服务等多方面，旨在为加州大学学术社区提供学术交流和出版服务，满足用户对信息、知识的需求，在学术交流知识服务方面发挥着重要作用。成立于 1893 年的加州大学出版社，是从属于加州大学体系的非营利性出版机构，为美国六大大学出版社之一。在 CDL 创立之前，加州大学的图书馆已有 10 个，共同为加州大学的教学与科研提供服务。加州大学出版社与加州大学这些图书馆在学术交流知识服务方面的丰富经验为 CDL 的创立奠定了坚实基础。除加州大学出版社与加州大学的图书馆之外，CDL 也吸引了其他一些机构的积极参与。CDL 在其发展壮大的过程中，与加州大学出版社、加州大学的图书馆不断开展合作项目。如 CDL 与加州大学出版社在 2009 年成立了加州大学出版服务部，开展出版服务，并通过其学术交流整合平 e scholarship（2002 年发布）与不同出版机构开展学术出版与交流合作，各主体分工协作、各司其职，这种协作模式拓展了学术交流知识服务的途径，提升了学术交流知识服务的专业化程度。与此同时，在加州大学图书馆的支撑下，CDL 逐渐发展成为全球最大的研究型数字图书馆之一。当然，值得注意的是，CDL 除为校园图书馆馆员、教师、学生等群体提供学术交流知识服务之外，还提供教育增值服务，并为普通公众提供大众知识服务，鉴于 CDL 在学术交流知识服务方面的突出表现，笔者主要关注的是其学术交流知识服务方面，并将其归为基于数字图书馆的模式。

3. 基于协作项目的模式

缪斯项目（MUSE）是 1995 年约翰斯·霍普金斯大学出版社与米尔顿·爱森豪威尔图书馆联合创立的非营利性合作出版项目，建立起了出版机构与图书馆之间的非营利性合作，以传播高质量艺术、人文、社会科学领域学术知识和服务为宗旨。约翰斯·霍普金斯大学出版社创建于 1878 年，具有非营利性，是目前世界上规模最大的大学出版社之一。米尔顿·爱森豪威尔图书馆是约翰斯·霍普金斯大学的一所私立的非营利研究型图书馆，服务于大学教育机构。MUSE 充分利用了约翰斯·霍普金斯大学所属出版机构与图书馆的学术资源，并广纳牛津大学出版社，香港中文大学出版社，香港大学出版社，印第安纳大学出版社，女性主义出版社，音乐图书馆协会，国际音乐图书馆协会、档案和文献中心，北美词典学会，哈佛燕京学社等 200 多个不同类型机构的资源。如今 MUSE 收录了 120 家出版社的 580 多种期刊共计 27 万多篇文章，拥有在用户服务、技术服务、参考文献服务等方面经验丰富的专业图书馆馆员，为出版机构、图书馆以及 MUSE 的其他使用者提供便捷的在线学术服务。

第四章　图书馆智慧化阅读推广服务模式

第一节　图书馆阅读推广服务的一般模式

一、阅读推广模式构建理论基础

阅读推广模式作为阅读推广活动中最为基本的内容，其理论基础也较为重要。阅读推广模式，顾名思义即图书馆在进行阅读推广活动时所采用的基本运行规范。如果对阅读推广模式没有成熟的解释，阅读推广活动会长期处于缺乏组织、活动老套的阶段，难以使阅读推广活动走上有序、新颖的科学发展道路。

阅读推广模式主要是作为推广对个人或者组织有益的阅读活动的流程规范，通过这类流程使阅读推广活动组织更加规范，对阅读活动的开展起到积极作用。

而图书馆阅读推广活动模式主要靠规范的流程和广泛的宣传提高读者的阅读兴趣，靠舒适的空间和良好的氛围帮助读者养成阅读习惯，靠丰富的馆藏来扩大读者的阅读范围。

（一）传播学理论基础

阅读推广活动作为一种传播活动，需要借助、参考和利用传播学的理论，基于传播学来推进图书馆阅读推广活动的发展。基于传播学理论，任何阅读推广活动的组成要素均为阅读活动推广主体、阅读者、阅读推广对象和推广媒介。[①]

将这几个要素聚合在一起，通过一定的设计、组合和搭配，使其相互作用，最终形成一个知识共享、提升层次的组合闭环。

1. 活动推广主体

阅读推广活动的主要承办单位即活动推广的主体。本节主要讨论的是图书馆阅读推广，因此活动推广主体为图书馆。图书馆作为推广主体，主要承担着导向性的作用，通过活动的举办引导各类读者，如成人、学生、儿童进行阅读，提高其阅读的积极性，增强活动效果。

2. 活动内容

图书馆作为阅读推广活动的主要承办单位，阅读对象决定阅读内容。现如今随着技术的发展，阅读对象也由传统走向数字。传统的纸质图书、期刊等已无法满足如今成人和高校学生的阅读量，因此以数字媒体为载体的信息逐渐被年轻人所喜爱。如在进行高校图书馆阅读推广活动时，学生是参与的主体，应积极了解其阅读需求，在进行馆内纸质图书推广的同时，数字阅读也应得到重视，选取学生所感兴趣的内容提升活动开展效果。

3. 推广媒介

阅读推广活动进行推广的渠道即推荐媒介，主要指该活动通过哪些渠道进行推广、宣传。现如今阅读推广活动的推广渠道较多，主要有访谈对话、

① 王志红. 智慧图书馆建设与阅读推广研究［M］. 哈尔滨：哈尔滨出版社，2021.

讲座培训、参观实践、图书推荐、观摩展览、社团活动、文字网站、竞赛（征文、技能）、视频展播、电视节目、图书漂流等。随着新媒体的发展，微信公众平台、微博等社交网站也成为推广媒介，高校学生通过这两种媒介进行阅读活动的频率较高，因此高校图书馆在进行活动推广时应将推广重点集中在微信、微博等新媒体，以增强读者兴趣。

4. 阅读者

图书馆的阅读推广活动，阅读者主体多种多样。如图书馆在开展面对学生的阅读推广时，学生的需求是最主要考虑的因素，需要通过学生的需求来确定活动的内容和方式。同时通过性别、年级、专业等分类后，针对不同的类型进行不同的推广，这才有助于推动个性化阅读推广活动真正落地。

5. 效果评价

效果是读者在参加阅读推广后，在心理、情感、认知等方面产生的各种反应，也基于此来判断阅读推广活动是否成功。不仅要通过活动入场人数、活动场次等简单的标准来衡量阅读推广活动，还要有业界公认的评价标准。

（二）营销学理论基础

市场营销一般是指企业或个人将所卖商品及服务通过营销的手段推荐给顾客。从中抽取四个核心要素，其中主体是企业，执行者是营销人员，受众是消费者，内容是商品及相关服务的推介及促销。

1. 面向产品分析

产品分析是指企业或个人针对某一产品确定其对消费者的吸引力的同时制定其营销策略的要求。在图书馆阅读推广中，馆藏资源即为"产品"，如何最大地发挥馆藏资源的作用即图书馆阅读推广活动开展初期最应注意的问题。

图书馆在进行阅读推广活动开展的初期，要对馆内现有资源包括纸质资源和数字资源进行细致的排查，掌握现有资源情况，基于此来大致确定阅读推广活动的主题。读者的需求和偏好也是确定活动主题的一个重要因素，图书馆通过后台集成系统，初步总结读者的借阅历史，通过与馆内资源的对比和筛选，从而最终确定阅读推广主题。

2. 面向成本分析

成本分析是企业通过对顾客的需求量等一系列参数进行分析总结后得出较为合适的一种营销策略。在阅读推广活动中，"成本"即图书馆举办一场成功的推广活动所需的策略。

读者是阅读推广活动中最为重要的存在，考虑读者成本是阅读推广活动开展的重要因素之一。阅读推广活动应在人群密集、交通便利的地方展开，以此减少读者的乘车时间，活动应利用读者休息的时间，如周末、节假日，确保不会影响读者上班时间等。在考虑读者成本的同时，图书馆在开展阅读推广活动时，成本和活动规模应由图书馆经费来决定。活动开展所需的展板费用、采购费用、场地费用、专家费等费用均要由图书馆承担，因此图书馆在举办阅读推广活动时，要充分考虑到自身经费问题，选择合适的规模举办活动。

3. 面向渠道分析

渠道分析对降低企业成本、提高企业竞争力有着极大的影响作用。而在阅读推广活动中，渠道分析即高校图书馆应尝试多方合作，拓宽活动范围。

图书馆可以与当地公共图书馆、其他高校图书馆或民间社团组织联合，增加活动形式。在专业阅读推广人方面，公共图书馆在培养专业阅读推广负责人方面远比高校图书馆更为专业，通过馆际合作推广，高校图书馆可以借鉴公共图书馆在阅读推广方面的优点，取长补短，同时也可以获得更为优质的资源。

4. 面向促销策略分析

企业运用促销策略吸引更多顾客，以提高销售量。在阅读推广活动中，图书馆的促销策略即推出更多新形式和新的宣传方法以吸引读者。

图书馆应推出更多新形式。当前图书馆的推广形式较为雷同，缺乏创新，对读者吸引力不大，图书馆应创造新的推广形式，基于读者的需求开展活动，从而提升其阅读质量。现如今，微信公众平台、微博等社交媒体被学生广泛使用，图书馆阅读推广活动可以基于这两种社交媒体进行宣传，活动宣传的同时也在媒体上提供一部分馆藏资源，以提高读者的阅读兴趣。

5. 面向人员分析

阅读推广人作为图书馆阅读推广活动开展中最为重要的一员，其选拔和培养则决定了图书馆阅读推广活动主题选择是否正确。图书馆应积极借鉴当地高校图书馆阅读推广人的培养经验与之联合，从而形成完整的阅读推广体系；另一重要人员即读者，在阅读推广活动中，读者的参与感直接影响了阅读推广活动的效果，因此需要积极探索如何增加读者的参与感和互动感，有目的性地更改活动流程。

6. 面向服务特色分析

企业通过有特色的服务，使顾客对企业产生期待或产生回忆。图书馆在进行阅读推广时，应突出本馆的特色，使读者在进入展馆后能留下较好的第一印象。馆员在回答读者问题时，也应积极热情，提供良好的服务，在回答问题的同时，馆员应通过具体问题来了解读者的需求，确保提供准确服务。

7. 面向过程分析

过程是指顾客在获得商品前所经历的一系列活动，通过这一系列活动，顾客最终才能获得商品。在图书馆阅读推广中，阅读推广的流程即过程，通过改善服务流程来完善阅读推广活动。

图书馆阅读推广活动中，各个部门的配合极为重要，加强各个部门的协作，才能确保活动稳定开展。在活动开展前，各个部门在准备服务流程时，应加强沟通，确保服务流程的完整性。在活动开展时，馆员应密切监控各个环节，提前考虑不利因素，确保活动顺利进行。

（三）教育学理论基础

如果说传播学和营销学与阅读推广的结合侧重于"推广"一词，教育学则侧重于"阅读"。阅读与教育的关系是密不可分的，它们相互影响、相互制约。目前图书馆阅读推广的模式中，与教育学相关的借鉴集中在学习理论方面。研究显示，一个组织中至少有75%的学习是非正式的（碎片化学习就属于非正式学习的一种），而图书馆在辅助读者碎片化学习方面可以起到协助者、引领者和教学者的作用，基于此，周秀霞等提出了3L的阅读推广模式，具体指出图书馆在大学生的 AL（Assistance-Learning）、TL（Teaching-Learning）、PL（Practice-Learning）三种学习状态中的资源保障路径和智力支持措施。

建构主义是当代学习理论的重要流派，而新建构主义则是随着网络时代的到来，学者对建构主义的更新。新建构主义认为学习最重要的不在施教者，而在学习者的自我知识构建，这种构建包含情境、协作、对话、意义建构和共享五要素，有学者据此设计了盲人阅读推广模式，将其扩展成为主题设计、创设情境、学习指导、协作对话、成果分享和学习反思六方面。

（四）阅读循环理论基础

20世纪末，"阅读循环理论"由阅读专家艾登在《打造儿童阅读环境》一书中首次提出，讨论了由选书、阅读、回应三个循环往复的环节所组成的阅读完整流程。

1. 选书

阅读推广活动中，选书即选择活动开展主题，通过对图书馆馆藏资源的调查分析，选择最为合适的主题，图书馆馆藏资源是阅读推广活动开展的基础。图书馆所需要推广的资源，均是通过对馆藏资源的总结从而选择出来并加以推广，该类资源引领读者养成良好的阅读习惯、提高读者的阅读兴趣。因此，馆藏资源作为重要的阅读推广活动资源，其选购和建设极为重要，要确保读者能读上好书，使高校图书馆的核心竞争能力逐渐提高。

2. 阅读

阅读推广活动中，环境不宜太过嘈杂，应给读者保留思考的空间，在进行阅读推广活动的子活动时，静谧的环境可以给读者带来更多消化、回味的空间，让读者在安静、轻松的阅读环境下，体会书籍最深层的含义。

3. 回应

回应即阅读推广活动之后读者所提供的反馈。传统图书馆的阅读推广只重视活动的开展，忽略活动结束后的读者反馈，这一行为主要将图书馆作为阅读推广的主体，因此忽视图书馆与读者之间的互动性。随着时间的推移，读者逐渐取代图书馆成为阅读推广活动中的主体，读者的反馈和参与感才逐渐被重视，只有不断采纳读者的意见，增加读者的参与感，图书馆才能吸引更多读者，提高阅读推广活动开展的效果。

二、阅读推广服务的一般模式

近年来，随着全民阅读的热潮兴起，阅读推广在全社会广泛开展，各界各层都取得了相当多的实践经验。越来越多的人逐渐认识到，阅读推广作为一项实践性极强的专业活动，要想发展得更好、走得更长远，必须有深入系统的理论支撑，由此学术界针对阅读推广的理论研究也开展得如火如荼。

（一）用户—专家—推广者

用户—专家—推广者模式中专家作为该模式中的渠道，由图书馆作为推广者对学生等用户进行推广，该模式主要以专家进行各方面的讲座为主，学生参与为辅，由著名专家引导学生正确阅读或对图书馆的信息资源进行讲解介绍，从而提高学生的阅读兴趣。

1. 以高校图书馆部门专家讲座为渠道进行推广

由高校图书馆组织，与学校各部门联合，推动各层级学生积极进行阅读推广讲座。高校图书馆邀请部门专家讲述读书的方式方法、从读书中领悟到做人做事的道理、弘扬传统文化。由高校图书馆所举办的该类讲座，使读者更加深入地了解图书馆所具备的特色资源，使在校学生的阅读和信息使用能力明显提高，且已成为高校图书馆阅读推广活动中的重要组成部分。

深圳大学图书馆为提高图书馆文献资源利用率，满足全校师生在教学、科研和学习过程中对查询与利用文献信息资源的需求，图书馆参考咨询部会定期或不定期组织"信息素养教育"系列讲座，邀请各个图书馆的优秀馆员或全国的相关方面的权威专家作为主讲。

2. 以校外阅读推广专家为渠道进行推广

阅读推广方面的著名专家由高校图书馆邀请，对高校学生的阅读行为、如何选择图书等一系列问题进行诠释和讨论，基于此次讲座使高校学生能够积极地参与阅读推广活动，促进阅读行为，再通过媒体的报道，该讲座的影响力会再次扩大。

（二）用户—平台—推广者

用户—平台—推广者模式将平台作为渠道进行阅读推广，该模式是高校图书馆最为常用的模式。高校作为推广者，将需要推广的内容通过搭建好的平台进行推广，或是通过进行活动平台建设推进阅读推广，有助于营造校园的良好氛围，提高读者的阅读兴趣，同时有较多的高校图书馆也将其打造成独有的品牌。

1. 以构建校园文化中心平台为渠道进行阅读推广

读书节、读书月等活动是校园文化中心平台的重要组成部分。每届的读书节在保留原本较为经典的节目的基础上，创造性地加入新元素，使阅读推广活动在传承中继续发展。自 1995 年以来，每年的 4 月 23 日被确定为"世界读书日"，围绕着"世界读书日"各所高校图书馆均会推出各式各样的读书活动，通过该项活动拟达到为全校师生推荐图书的目的。

郑州大学读书会作为郑州大学的校园文化品牌，从 2010 年起每年与多个院系联合举办各种读书活动，旨在促进学生阅读，提高学生阅读兴趣。读书会所承办的青椒书站是为全校师生打造的一个互动式的读书沙龙，以"精英、经典、精品"为目标。"青椒书话"曾邀请优秀青年教师分享读书感悟，让同学们在话家常般的温馨氛围中得到书籍的启迪。

2. 以构建线上线下图书推荐平台为渠道进行阅读推广

2003 年 11 月以来，由河南省高校图书馆情报工作委员会发起的"阅读文化经典，建设书香校园"活动，已经在河南省内多个高校开展。河南省内高校不懈开展"阅读文化经典，建设书香校园"活动，使省内高校学生不断地理解阅读推广活动，同时积极阅读文化经典，提升自己的文化修养和阅读兴趣。

河南师范大学的"阅享经典·书香师大"好书推荐活动积极响应了高校图书馆情报工作委员会的号召，该活动的开展在全校也掀起了读书的热潮。通过院长荐书、学子荐书等环节鼓励全校师生积极参加，有效增进了师生之间的友谊。

3. 以构建读者演绎平台为渠道进行阅读推广

图书馆阅读推广方式中最为普遍的就是读书交流，虽然普通，却受到广大师生的欢迎，并且在阅读推广活动中占有一席之地。一般的读书交流会被分为两种大的类型：①随意交流型。在举办交流会的前期，通过微博、微信公众平台发布交流会的主题，在现场由主持人作为主体引导交流。这种类型的交流会很容易出现交流深度不够等问题。②深度交流型。此种类型以参加交流会的学生为主体，采用 PPT 等形式加深交流程度、扩大交流范围。基于上述两种类型，情景演绎读书交流会是将情景剧表演、视频资料播放等一系列要素与交流会相结合，使阅读推广活动过程更加形象，加大对读者的吸引力。

郑州大学图书馆在阅读推广活动中加入了舞台剧表演、视频资料播放等要素，使得阅读推广活动更加深入人心，同时也加深了学生读者对阅读推广活动的兴趣，积极推动高校图书馆阅读推广活动的发展。这种通过情景表演平台为渠道的推广模式应该掌握开展活动的主动权，从而使活动更加贴近生活，同时也因高校大学生对新鲜事物敏感，该种类型的读书会也受到高校学生的喜爱。

4. 以构建图书互助平台为渠道进行阅读推广

源于 20 世纪六七十年代欧洲的"图书漂流"活动，让读者可以从多个地点找到所需要的图书，在阅读完毕后，读者可以将书随便放在公共场所，下一个读者可以将其取走，进行阅读。这种在素不相识的人们之间传递图书的过程，旨在分享、传播。

2011 年 4 月 21 日，郑州大学图书馆在庆祝第 16 个世界读书日的同时，宣布河南省首个规范的高校漂流图书阅览室正式开放，也使大学文化更上一个层次。漂流书的借阅非常方便，读者只需将已阅读完成的图书贴上标签，制作成书卡，投至图书漂流会，即可完成。

（三）用户—网络—推广者

随着科技的发展，用户—网络—推广者这一模式更加为学生读者接受，进入新媒体时代，高校阅读推广更多基于微信、微博等社交媒体，通过该类社交媒体潜移默化地影响学生阅读。该模式将网络媒体作为渠道，更好地深入学生读者生活。目前，多家高校图书馆开通了微信公众平台，读者通过高校图书馆的微信公众平台掌握图书馆所推荐的新书、书评等信息。社会媒体平台作为当下最受学生欢迎的平台，高校图书馆应借助其影响力来进行阅读推广活动。微信、微博、百度百科等互联网交互平台均是高校学生的主要信息来源，而高校图书馆阅读推广基于这些平台发布数据则能起到较好的效果。目前，高校图书馆建立自身的网站和社交媒体平台的最主要目的是沟通，除了为读者提供最基本的阅读书目之外，该网站还作为一个平台，将在校大学生、老师等进行结合，以便双方进行阅读方面的心得交流。清华大学图书馆推出的虚拟实时咨询模式图书馆智能聊天机器人"小图"就是一个很好的例子，通过"小图"，学生可以查询关于图书馆的知识、馆藏图书、百度百科等，在学习之余也可以和小图聊天、谈心。

第二节　基于智慧图书馆技术的图书馆阅读推广模式

一、模式构建框图

图书馆阅读推广中最主要的五类要素有阅读资源、阅读推广主体、阅读推广媒介、阅读推广活动以及读者。公共图书馆阅读推广工作首先需要有推广的主体，同时正确合理地运用阅读资源，通过一定的推广媒介，并对阅读推广活动的形式以及内容进行一定的设计，从而对阅读推广的客体对象——读者产生一定的影响，在这期间也接受读者的反馈，不断调整和优化阅读推广工作，以期达到最佳的效果。基于以上分析，本节从我国公共图书馆的角度出发，确定了研究的主要模块即阅读资源、阅读推广主体、阅读推广媒介以及阅读推广活动。

经过以上对阅读推广模式五要素的分析，本节从公共图书馆的角度出发，以阅读推广主体、阅读资源、阅读推广媒介以及阅读推广活动为基于智慧图书馆技术的公共图书馆阅读推广模式的主要内容，构建了基于智慧图书馆技术的我国公共图书馆阅读推广模式框架，其中包含四个子模式，分别为阅读推广资源知识化、阅读推广服务智慧化、阅读推广媒介多元化以及阅读推广活动规范化。

二、阅读推广资源知识化模式构建

（一）阅读推广资源知识挖掘模式构建

在公共图书馆的阅读推广活动中，最重要的两类资源一个是用于阅读推广的书籍、文献、期刊等资源，另一个是读者信息资源（读者所产生的阅读行为、阅读规律等信息以及其心理偏好等）。在持续的阅读推广工作中，对这两类资源的深入挖掘和有效利用对于公共图书馆持续、全面地开展阅读推广具有重要意义。如何对书籍、文献、期刊等资源进行整合升级以满足读者日益增长的个性化、差异化的阅读需求，以及如何利用对读者阅读行为的分析从而更好地预测阅读推广的发展趋势及发展内容，是研究阅读推广模式的重要内容。

近几年，国家政府以及省级、地市级、县级等各级政府机构对于教育和阅读推广越来越重视，我国公共图书馆的馆藏资源数量也正在不断增加，同时可用于阅读推广的资源数量急剧增加，但是，在公共图书馆的阅读推广活动开展过程中，读者实际阅读和接触到的资源少之又少，造成了公共图书馆在阅读推广中资源的极大"浪费"。同时，在阅读推广活动中，公共图书馆缺少对于读者阅读行为规律的分析，没有抓住时代发展下读者的阅读特点，没有满足读者的个性化、差异化的阅读需求。这也进一步反映构建阅读推广资源信息库的必要性和重要性。①

① 赵发珍，杨新涯，张洁，等．智慧图书馆系统支撑下的阅读推广模式与实践［J］．大学图书馆学报，2019，37（01）：75-81.

（二）基础信息库的构建

1. 阅读推广资源信息库的建立

阅读推广资源信息库的建立是整个阅读推广服务模式的基础，同时也是一项艰巨的任务。信息库的建立是整个服务模式运作的基础，是一项基础而艰巨的任务。完备、系统阅读推广资源信息库的建立是公共图书馆进行长期、持续发展的阅读推广机制体制的重要前提。用于建立阅读推广资源信息库的基础数据包括三大类，一为公共图书馆的数字图书馆资源，二为网络资源，三为其他共享资源（如图书情报机构的共享资源）。其中，数字图书馆资源包括图书、文献、音频、视频、图片等各类实体资源，以及各类电子资源（如电子书、各类数据库等）。信息库将资源数据进行采集、收集和导入，并将资源数据进行清洗和预处理，过滤掉无用的信息，尽可能避免重复、冗余以及噪声。

2. 阅读推广读者信息库的构建

在阅读推广中，作为阅读推广对象的读者信息也是重要的资源。读者的完整信息库能保证在充分挖掘的基础上，了解读者的普遍需求与差异化、个性化需求，从而制订具有针对性的阅读推广方案。通过对读者的信息数据进行分析，将其中用于建立读者信息库的基础数据分为三类。一是读者的持久固定信息，如读者的身份信息，包括读者的姓名、性别、民族、年龄、单位、教育程度、地址等信息。二，读者的阅读行为信息，即利用跟踪日志以及 Web 日志记录下的读者阅读行为信息，其中包括静态信息（如到访次数、Web 停留时间、下载次数、图书点击率等）。动态信息包括对推送书籍的响应频率、读者的年龄分布、性别比例等。三是读者的个人主观信息，如读者感兴趣的专业领域、方向，想获得的信息、喜欢的图书类型、反馈信息以及提出的改进意见等。将读者的三类基础数据进行采集、收集和导入，并将基础数据在建库前进行预处理，减少数据的冗余和无关信息的干扰，为知识挖掘提供更加规范和有用的数据。将预处理之后的数据经过分析和挖掘，提取输入信息的概念和主题，解析出用户信息库的字段，将数据添加到阅读推广对象信息库中。阅读推广对象信息库需要依据 Web 日志以及跟踪日志的变化进行更新。通过建立阅读推广对象信息库，可以从中挖掘出更多有价值的信息和模式，从而提高阅读推广模式对于读者需求和发展趋势的匹配度。

（三）知识挖掘与阅读推广资源知识化

1. 阅读推广资源知识挖掘与知识库的建立

通过知识挖掘技术将阅读推广资源信息库中的海量数据资源进行横纵结合、深入知识内在关系的数据分析和知识挖掘，将知识进行聚类分析。通过一定的知识挖掘算法和工具，分析各类知识之间的语义关联、主题关联以及馆藏之间的借阅信息关联，在阅读推广资源之间进行有效的知识关联，丰富读者的阅读选择。通过阅读推广资源的深入挖掘，可以有效地在馆藏资源之间建立联系，为读者提供更多的所需类型的阅读资源，同时将资源以及关联形成知识库。

2. 读者信息资源的知识挖掘与读者画像的建立

第一，对读者阅读需求的知识挖掘。读者的阅读需求大致可分为三类，分别为读者当下的阅读需求，读者模糊意识中的阅读需求以及读者自身也尚未意识到的潜在的阅读需求，即未来的阅读趋势。通过对已有阅读行为和阅读需求的读者的需求信息和访问行为进行挖掘，可推断出读者没有表达出来的以及未意识到的潜在需求，进而预测读者的需求变化趋势。

第二，对读者阅读行为的知识挖掘。以阅读推广对象信息库中的基本信息为基础，对数据进行筛选、分析、整合以及关联分析和聚类分析，挖掘读者的心智模式、心理特点以及阅读行为规律，并对挖掘出的读者的心理偏好和阅读行为方式等结果进行分析和评价。利用知识挖掘技术形成更加精准和人性化的"读者画像"。根据每个读者独特的"读者画像"，为其提供更加具有针对性、人性化、个性化的阅读推广模式体验，如不同的阅读推荐内容的展示形式、不同的人机交互方式等，充分考虑读者的个性化体验需求，使用户的满意度和满足度达到最高，激发读者的阅读兴趣，同时有助于读者培养终身阅读的习惯。

（四）关键技术

1. 数据库相关技术

总的来说，在互联网时代以及大数据时代发展下，数据库相关技术成为一项必备的且十分关键的技术，数据库技术的相关内容包括数据库的框架设计以及存储计算等方面所形成的计算机技术。利用数据库相关技术我们可以将大量的数据进行存储、组织与研究，同时也可以实现对数据的集中采集与技术性分析等工作。计算机数据库技术一直在不断地发展和更迭，但是数据库技术有着诸多特征。

第一，数据库的独立特征。计算机数据库技术同时拥有逻辑独立性和物理独立性。逻辑独立性体现在当数据库中的数据含义、数据项甚至是数据的种类出现变化时，不需从数据库的源代码进行调整，数据库的逻辑框架会根据数据的变化而发生转变。物理独立性是指在使用数据库进行分析时，当数据库的架构发生变化时不会影响应用程序或应用软件。

第二，数据库的共享性。构建数据库的一个重要的目的就是将数据进行跨地区、跨组织等共享。

第三，数据库的组织特性。数据库中的各项数据以及各个数据表都存在紧密的联系，构成了相关的组织结构形式。目前，最新的数据库技术为NoSQL 数据库技术，它打破了传统的关系型数据库的关系模型，按照一种自由的方式存储数据，并且提供了新的访问接口，克服了传统数据库的很多缺点。

2. 数据挖掘技术

数据挖掘技术是一项高效利用数据信息、分析数据并发现其价值的核心技术，同时也发展成为知识挖掘及知识发现的重要步骤。数据挖掘是从数据库中的数据集合中自动利用算法抽取出隐藏的有用信息的过程，这些抽取出来的有用信息可表现为规则、概念，或者是模式等。那么利用数据挖掘将有用的信息抽取出来后就可以应用于接下来的决策以及预测未来发展趋势等研究中。数据挖掘算法的输入是已经构建好的数据库，算法的输出为通过数据挖掘所发现的知识或者是模式，算法的实际处理过程涉及搜索方法的设计。开展数据挖掘时，需要预先确定挖掘的对象、挖掘的任务以及挖掘的方法。在数据挖掘技术中，被广泛应用的是统计方法中的关联分析法，机器学习中的人工神经网络、决策术技术以及遗传算法等。

3. 知识挖掘技术

知识挖掘实质上是通过数据挖掘完成的，核心内容为在一定目标下根据已有数据、已有知识形成新的知识。在搜集到读者的阅读需求后，通过一定的数据处理与分析，再加上原来已有的知识进行分析处理，帮助读者了解新的、潜在的需求，这种新的潜在的需求是读者之前并不知道的。既有数据是大量的、有噪声的且不具备一定规律的，而通过知识挖掘分析和提取后的信息是有用的、具备一定知识性的信息。通过知识挖掘可以更加充分地利用数据库中的数据信息，得到更多新的知识及新的模式。主流的知识挖掘算法有序列模式算法、聚类分类术算法、混合学习算法及灵活模式的知识挖掘算法。

三、阅读推广服务智慧化模式构建

（一）阅读推广服务智慧化模式框架构建

从宏观（全国公共图书馆整体）角度来看，作为我国阅读推广的主体，公共图书馆是阅读推广的主力军和领头羊，在阅读推广活动中具有举足轻重的地位，同时也发挥着重要的作用。公共图书馆要实现阅读推广智慧化服务模式，首先要实现公共图书馆的智慧化的广泛互联以及融合共享模式。在阅读推广服务智慧化方面，公共图书馆首先要实现广泛互联智慧服务模式，其中主要内容包括馆馆相连、网网相连、库库相连以及人物相连，实现阅读推广的管理和服务的互联性，广泛互联的公共图书馆将成为未来阅读推广的重要支撑。其次要实现融合共享智慧模式服务模式，其主要内容包括三网融合、跨界融合、新旧融合以及多样融合。

从微观（单个公共图书馆个体）角度来看，构建公共图书馆阅读推广服务智慧化模式，需针对不同的阅读推广主体来构建相应的智慧化服务模式。公共图书馆可针对移动图书馆、数字网络平台以及实体图书馆三个不同主体来构建相应的智慧化服务模式。

（二）以移动图书馆为主体的阅读推广智慧化服务构建

由于时间以及空间的限制，公共图书馆的资源并没有得到全民读者的使用，造成了阅读推广活动的局限性和短期性。而通过移动图书馆，读者既可以随时随地的利用公共图书馆的阅读推广各类资源，同时也可以随时随地与公共图书馆以及其他读者建立联系，方便读者的阅读，实现阅读推广在全民范围内的持续推广和稳定发展。在移动互联网信息技术的推动和发展环境下，当代公共图书馆阅读推广模式以及读者的阅读需求范围、阅读需求方式以及需求的内容都发生了显著性变化，而移动图书馆可以准确地把握阅读推广对象的需求范围，配合阅读推广对象的阅读方式以及明确读者的阅读需求内容等。近年来，随着互联网技术与图书馆阅读推广的不断结合，公共图书馆阅读推广的模式和服务得到了不断的提升。在阅读推广活动中，读者可以借助智能手机的移动图书馆 APP、Kindle 等移动阅读设备通过无线接入的方式随时随地地访问公共图书馆。

移动图书馆为读者提供更加便捷的阅读推广资源获取通道。移动图书馆可将公共图书馆知识库中的资源与读者进行直接对接，为读者提供丰富的数字资源并且这些资源可被读者随时随地直接获取。同时公共图书馆的数字资源的更新程度以及种类数量也在增加。

移动图书馆为读者提供更加丰富的个性化智慧服务。移动图书馆在阅读推广活动中可为读者提供阅读参考咨询、个性化信息推送、阅读资源馆藏查询及日常借阅服务等。其中阅读参考咨询对读者问题的响应速度以及响应内容的全面性是读者所关注的；个性化的阅读信息推送其推送资源的丰富性以及推送的及时性是读者在使用移动图书馆过程中重点考虑的内容；阅读资源的馆藏查询和日常借阅服务从传统的实体图书馆的平台转移到了移动平台，给读者在阅读中带来了较大的方便，其简易的操作性同时也得到了读者的认可。

（三）以网络平台为主体的阅读推广智慧化服务构建

数字网络时代的到来，使得阅读的途径、阅读的方式、阅读的规模以及阅读呈现出来的特征等方面表现出了巨大的不同，相应的阅读推广的模式也发生了相应的改变。一方面，通过图书馆的数字图书馆网络平台可以满足读者随时随地的阅读需求并与读者建立长期、紧密的联系，促进阅读推广的有效、持续进行。另一方面，通过社交网络，如豆瓣、知乎、微博、微信等可进行社会化的阅读推广活动。数字网络平台使得阅读推广的形式和途径以及时间更加灵活。其中阅读推广时间可以采用周期性的持续阅读推广以及常规性的日常阅读推广相结合的形式。以数字网络平台为基础，全媒体的网络平台利用不同的媒体形态和不同的内容形式可实现阅读推广在传播途径上的巨大提升。利用全媒体方式建立公共图书馆阅读推广和移动终端阅读推广客户端，开设阅读推广活动预告、读者交流及留言、培训讲座、真人图书以及新书推荐等栏目。数字网络平台使得阅读推广的个性化得到提升。个性化的阅读推广可通过数字网络平台以及移动终端，利用豆瓣、微博等社交媒体开展阅读推广书目、阅读活动信息推送服务，利用相关的工具和载体为读者建立属于自己的个性化阅读知识库，方便读者随时进行阅读和查询，在满足个人的个性化的同时也可以满足读者的阅读交流需求。数字网络平台使得原本是单向的读者活动，变成了多元化的讨论和交流活动，读者可以就阅读的书籍进行话题讨论和意见交流。

（四）以实体图书馆为主体的阅读推广智慧化服务构建

实体公共图书馆承载着阅读推广的各类活动,实体公共图书馆不可能"消失",而是会随着互联网和信息技术的发展而进一步发展,展现出以读者为中心,更加现代化、更加人性化的一面,为阅读推广活动提供更加人性化的智慧服务和读者体验。在阅读推广活动中,实体公共图书馆每天都会面对大量的书籍借阅需求,智能预约及借阅改变了传统的书籍预约服务模式,实现了书籍预约的全方位、自助服务,体现了自动化和智能化,方便读者的阅读。实体图书馆可进行智能预约书架构建。读者将需要进行预约的书籍放置在预约书架,通过自动亮灯提示已预约成功。当读者成功进行书籍预约并在预约书架区域刷卡后,系统可读取读者的个人信息,将图书馆管理新系统中的预约书籍信息与读者的预约信息进行匹配分析,然后返回相关信息,在智能书架上以亮灯来提示预约书籍的位置,读者在拿到书籍后再次刷卡即可完成书籍的自动借阅操作。智能预约书架加快了读者寻找预约书籍的速度,提高了图书馆在阅读推广中的效率。

四、阅读推广媒介多元化模式构建

（一）阅读推广媒介多元化模式框架构建

基于图书馆智慧技术的阅读推广媒介可分为两大类。一为基础型阅读推广媒介,包括阅读推广主体——公共图书馆所提供的移动 APP,数字网络平台以及实体公共图书馆三个组成部分。二为拓展型阅读推广媒介,其中包括新媒体平台（微博、微信等）阅读推广媒介,基于新媒体技术的阅读推广媒介以及基于可穿戴设备的阅读推广媒介。基于新技术的拓展型阅读推广媒介符合当下读者的阅读方式和阅读模式，尤其是符合年轻一代的阅读需求。以基础型阅读推广媒介为基石，以拓展型阅读推广媒介为新生力量，全面推进公共图书馆的全民阅读推广活动，对于实现阅读推广的参与度以及满意度方面将有重要的意义。

（二）新媒体平台阅读推广媒介

新媒体平台对于阅读推广的宣传起着至关重要的作用。新媒体平台主要包括微博、微信和各类手机 APP，以及维基、豆瓣、优酷等社交内容网络。通过新媒体平台将书籍借阅信息以及阅读活动等信息进行发布，同时及时接收读者的反馈信息以及疑难解答，可以极大地提高读者参与阅读推广的积极性和持久性。再者，利用新媒体平台可以广泛地联合社会各界的力量来开展阅读推广活动，其中包括一些广告商、电子书商以及互联网公司等。如广东省中山公共图书馆利用微信社交软件开通了有阅读推广和书籍信息查询功能的微信公众号，具体包括馆藏查询、信息查询、阅读推广活动关注、附近图书馆等各类功能，方便了读者的阅读行为。利用新媒体平台进行阅读推广主要有以下优点：①利用读者生活中使用度高的社交软件及网络内容平台，极大地提高了读者的参与度和兴趣度。②方便了图书馆阅读活动的推广和扩散，有助于将阅读活动深入全民范围内。③实现了随时随地与读者进行交互的阅读形式，有利于阅读推广活动的改善和提升。

（三）新媒体技术阅读推广媒介

越来越多的新媒体技术开始应用于数字图书馆的阅读推广活动中。IPTV（交互式网络电视）技术的特点，使得其成为数字图书馆进行阅读推广时重要的技术支持，IPTV 技术近几年的不断发展，也为数字图书馆阅读推广服务奠定了一定的基础。结合该技术，数字图书馆实现了将图书馆的馆藏资源以及阅读信息向读者进行推广的工作。现如今，IPTV 技术已经走进老百姓的日常生活，数字图书馆只需要与相关部门进行合作，就可以通过 IPTV 技术将图书馆的各类资源输送出去。电视的普及程度很高，大众喜欢观看电视，那么利用电视进行普及就是很好的途径。同时还可以满足弱势群体的阅读需求，读者可以通过数字电视途径随时随地地进行图书馆馆藏资源的获取和阅读，可在生活中实现自主学习、自主阅读、生活阅读相结合，真正地实现了全民阅读。

（四）基于可穿戴设备的阅读推广媒介

以可穿戴设备为基础的拓展媒介是构建智慧图书馆以及新时代阅读推广有效机制的重要手段。通过可穿戴设备这一阅读推广拓展媒介，可以实现公共图书馆对于阅读推广活动的全面感知、对读者信息的全面搜集以及阅读推广服务的智慧化。

基于可穿戴设备的阅读推广媒介可实现对阅读推广活动的全面感知。基于可穿戴设备这一阅读推广媒介可结合公共图书馆的物联网技术、RFID、传感器等设备，可以为用户提供对公共图书馆整个范围内的馆藏资源、图书阅览室、会议室、馆员等一系列资源信息的全面感知和及时的获得，同时也为从事阅读推广的专业人士及公共图书馆馆员提供了对阅读推广活动以及公共图书馆的全面、实时监控与管理的途径。通过将可穿戴设备中的数据进行分析和处理，可以实现人人相连、人书相连、书书相连等智慧化模式，为今后的阅读推广活动的开展提供强有力的支撑。

基于可穿戴设备的阅读推广媒介可实现对读者信息的全面搜集。可穿戴设备具有近距离和多时间与用户进行接触的优势，对于用户信息的搜集具有得天独厚的优势。在公共图书馆阅读推广活动的开展过程中，可利用可穿戴设备将读者的兴趣爱好、书籍的偏好、阅读习惯、阅读行为甚至是读者或者潜在读者的心智模式、生活习惯、社交活动等数据进行搜集并进行储存，随时进行分析，实现对阅读推广对象的全面、实时的了解和分析，对于准确获得读者的阅读需求并提出满足读者需求的阅读推广模式具有重要的作用和意义。

基于可穿戴设备的阅读推广模式可实现阅读推广服务的智慧化。基于可穿戴设备的阅读推广媒介通过对读者信息的广泛收集、分析以及对公共图书馆的资源的全面感知，在阅读推广活动中为读者提供符合其需求的、适当的服务，同时就读者可能遇到的问题及困难及时地提供意见和方案，全方位地实现阅读推广服务的智慧化，此项服务的提升对于老人、儿童、残障人士等弱势群体尤为重要。

（五）关键技术

1.3D 技术

如今 3D 技术被广泛地应用于影视、媒体、交通、医疗、教育以及游戏等领域。3D 技术作为集三维交互设计、虚拟现实以及实时仿真技术等于一体的新型计算机技术，至今已发展成为以 3D 显示技术、3D 虚拟现实技术以及 3D 打印技术为特点的发展型技术。3D 显示技术通过为双眼呈现不同的画面而实现立体的画面感，主要用于 3D 眼镜的制作以及裸眼 3D 技术和全息影像的使用中。3D 虚拟现实技术是充分利用计算机的硬件技术与计算机的软件资源而形成的集成技术，可提供三维的虚拟环境，使得用户可根据自身的感受，同时通过多种的传输感应设备等对所构建的虚拟环境进行考察和操作，实时地参与到虚拟环境中。3D打印技术是一种以三维立体形式来构造物理对象的快速成形技术，可以将计算机里的虚拟形象物品展现成为现实中的真实的物品，具体的技术包括建模软件、计算机辅助设计（CAD）工具以及计算机的辅助断层摄影技术等。

2. 智能手机及无线通信技术

智能手机越来越成为人们日常不可缺少的一项"生活必需品"，随着阅读推广和图书馆事业的发展，智能手机也越来越成为承载着读者服务的重要载体。智能手机具有独立的操作系统，可实现与台式机以及平板电脑相同的操作体验，同时结合 Wi-Fi、ZigBee 等无线通信技术具有的感知和定位功能，读者可以随时随地与图书馆建立联系，参与到阅读推广活动中；同时图书馆也可随时随地为读者提供阅读相关服务。

3.IPTV 技术

IPTV 即交互式网络电视，是将多媒体技术、互联网以及通信等技术相结合的、利用 Web 技术通过 IP 网络向用户提供互动媒体类型的信息服务业务，其中包括数字电视业务。IPTV 技术是随着网络的飞速发展而出现的一种新兴的信息技术，可为用户提供视频音频节目、数字文本类信息以及各类网络游戏等。与传统的电视广播用户被动的接收模式相比，IPTV 技术具有以下四个特点。第一，IPTV 为用户提供了完备的互动功能，用户可通过 IPTV 实现交互式的广播而不是被动的广播，这也是 IPTV 最大的特点。第二，IPTV 可实现个性化的广播，IPTV 除了为用户提供电视频道制作的视频，同时也可为用户提供个性化的网络信息以及数字资源服务，如数字电视、数字图书馆、网络游戏以及网页浏览等功能。第三，IPTV 技术支持双向服务，用户可根据自己的喜好和需求跟运营商沟通并提出服务申请。

4.可穿戴技术

可穿戴技术是一种新型的计算机智能嵌入技术，通过可穿戴技术可将计算机的计算能力以及感应能力等赋予日常生活中人们使用的配件或者是衣服等。基于可穿戴技术，将多媒体技术、传感器设备以及无线通信技术等嵌入服装中，可以支持人体发出的手势以及眼睛的指示等多种交互方式。基于可穿戴设备而形成的可穿戴设备不仅是硬件设备，同时也可通过大数据分析以及云计算等计算机技术实现人机交互以及网络实时更新等功能。可穿戴设备通过其中所包含的独立计算机芯片可保持网络连接状态并时刻进行响应，收集、分析、感知用户的各种行为以及指令，实现灵活的人机交互功能。可穿戴设备有多种多样的形式，包括帽子、手环、手套、手表、耳机、耳麦、纽扣、腰带等。

五、阅读推广活动规范化模式构建

（一）阅读推广活动规范化模式构建框架

首先，一项规范化的阅读推广活动的开展需要对读者阅读需求进行搜集和分析，依据读者的阅读需求制定新颖、明确的推广主题，同时在阅读推广中不断修正主题。其次，对确定好的阅读推广活动和主题进行多方位的宣传和推广，进行阅读推广的前提准备工作以及阅读推广活动的开展工作。最后，对阅读推广开展后的成果和影响进行评价和反馈，对整体阅读推广工作进行经验总结。同时再结合当今智慧图书馆发展趋势，阅读推广活动的开展中要注意对于智慧图书馆理念的运用、对于阅读推广活动的监督评价机制的建立以及对于阅读推广智慧读者的培训。

（二）智慧图书馆"智慧理念"的运用

阅读推广的发展必须依托图书馆的发展，鉴于智慧图书馆已成为图书馆发展的趋势和内容，那么阅读推广活动的开展也需要建立起与智慧图书馆相适应的发展方向和内容。在阅读推广活动的开展中积极加入和运用智慧图书馆的理念，对于发展智慧阅读推广有重要的意义和价值。例如，可将发展智慧图书馆的新视角——SoLoMo（Social，Local，Mobile）技术应用于阅读推广活动宣传方面。SoLoMo技术即将社交、本地化以及移动三项作为关键内容来开展工作。阅读推广活动的宣传工作中可以利用社交化的软件、社交化的平台以及社交化的关系加大阅读推广活动的宣传力度，利用阅读推广活动的本地化，使阅读推广主题的制定更加贴近本地读者的需求，增加阅读推广活动的深度。最后，将阅读推广活动通过网络和APP实施，实现全民都能参与阅读推广活动，可增加阅读推广活动的参与度。在依托图书馆技术和理念的基础上，公共图书馆应开展关于阅读推广活动的读者阅读行为的常态化研究机制。随着时代的不断发展，读者阅读的方式、阅读的地点、阅读的结构以及阅读的规模正在发生变化，只有对读者的阅读趋势以及阅读需求不断研究才能保证阅读推广活动真实有效，所以公共图书馆应建立关于阅读推广活动的常态化研究机制。同时重视对读者的分析和读者需求的满足，实现阅读推广的持续性发展。

（三）阅读推广活动规范化监督评价机制构建

基于新模式的阅读推广活动的顺利开展需建立起规范化的阅读推广活动

监督评价制度。阅读推广活动过程中的监督和过程后的评价是阅读推广活动的重要组成部分，如在阅读推广活动绩效评估方面，应该将阅读推广资源的利用率、读者的参与度、活动的广泛度以及产生影响的内容进行分析。在阅读推广活动的开展中，公共图书馆应依托阅读推广新模式，充分发挥图书馆的优势和功能，利用微信、微博各类社交软件以及数字图书馆、移动图书馆等媒介，建立起规范化的、切实可行而又适合于阅读推广的新模式的监督评价机制，并以此来不断推动阅读推广活动的开展。基于新模式的阅读推广活动的顺利开展需建立和完善我国的阅读推广的法律保障制度和体系。从国外阅读推广项目的经验来看，阅读推广活动的开展需要国家法律政策的保障、各级政府的制度支持。相较国外来看，我们在阅读推广法律法规建立方面还存在着不足。相关部门应尽快建立阅读推广相关法律法规并在阅读推广活动的实践过程中逐步完善。

（四）阅读推广活动规范化智慧读者培训机制构建

在智慧阅读推广发展过程中，对于读者的培训显得尤为重要。基于智慧图书馆技术的阅读推广模式的特点以及阅读推广在开展中的特点，公共图书馆应该建立相应的读者信息技能以及有意识提升智慧读者的培训课程。公共图书馆开展智慧读者培训课程可以帮助读者了解图书馆的馆藏资源以及使用手段，掌握图书馆数字资源以及馆藏图书馆文献的检索技能，并以此提高阅读推广相关资源的使用率同时提升读者的信息素养和实操技能。具体在智慧读者培训过程中，公共图书馆可利用图书馆智慧技术、智能化技术以及各类信息化技术开展智慧读者培训。主要培训内容大致可分为三种情况。

第一，阅读推广新读者的智慧阅读——启蒙培训。主要针对阅读推广数字资源以及知识资源等检索、查询以及使用等介绍，阅读推广智慧化服务内容的介绍以及阅读推广活动的参与平台与媒介的介绍。

第二，急需读者的应急帮助——服务培训。通过设置不同的应急帮助内容和板块，帮助读者解决阅读推广活动中遇到的问题并节省读者寻求帮助的时间，同时培养起读者向图书馆求助的意识。另外，也可以通过可穿戴设备以及物联网、无线传感器设备等为读者提供全方位、及时性的阅读帮助。

第三，资深读者的阅读推广——随行培训。公共图书馆可通过智慧读者培训内容为读者及时提供相关的阅读推广活动信息，开启阅读推广活动的主动约请、主动提醒以及阅读活动实时反馈机制。

第三节　基于新媒体的图书馆智慧化阅读推广模式

笔者在本节以长江读书节阅读推广品牌活动为例来介绍新媒体在图书馆智慧化阅读推广模式中的应用。

一、多元融合型阅读推广服务模式

文化治理强调在公共文化服务体系建设中政府、社会和市场多元主体的协调与合作。公共物品的提供不仅仅是政府的责任。《公共支出的纯理论》是萨缪尔森针对不同类型的公共物品的研究逐渐形成的关于提供公共物品和实现方式的理论。中国学者在学习各国公共产品理论的基础上，结合中国实际，借鉴优秀理论，促进我国公共文化事业的改革创新。当前阅读推广服务供给主体类型分为以公共图书馆为主体的政府供给、以文化实体为供给主体的市场供给和以公众自治为主要供给方式的志愿供给三种。现阶段我国公共图书馆服务供给问题主要体现在供给主体单一（主体层面）、供给内容单调（客体层面）、供给资源不足（中介层面）。

多元化服务需求和多用户服务管理客观上要求建立便于互动和倾向于网络化运行的服务模式。在新媒体环境下图书馆需要通过自救形式，创新阅读推广服务供给模式，推进市场，完善供给体系，提高供给效率。

要深入推进公共图书馆阅读推广服务治理体系和治理能力现代化，需要探寻当前服务存在的问题，从治理结构上讲，当前阅读推广服务面临的最大问题就是条块分割和碎片化。针对碎片化问题的研究，整体性治理理论即通过跨层级、跨部门和跨功能的整合与协调，来实现不同层级和不同功能部门资源整合，形成多主体、扁平化、网络化的治理结构，解决碎片化、等级式的传统治理模式带来的不足。此即公共服务"公共性"的要求，也是提升营销效率，节约营销成本的要求。

笔者结合长江读书节工作，运用整体治理理论，提出了公共图书馆阅读推广多元融合供给创新的三种模式：一是打破地域限制，构建公共图书馆阅读推广联盟，实现各区域不同层级图书馆之间全面互联互通，实现不同区域公共图书馆之间资源共享，提升资源利用率。二是消除体制障碍，模糊部门边界，探索跨界合作，阅读推广模式，打开了不同主体、不同部门、不同组织之间的边界，融合政府、企业、社会组织、市民优势，丰富阅读推广服务主体。三是突破功能局限，打破空间的界限，构建多元空间阅读推广模式，更是通过打造不同类型公众的交流空间，让阅读推广不局限于文献推广服务。

（一）公共图书馆阅读推广联盟

1. 公共图书馆阅读推广联盟的构建

作为公共文化产品，公共图书馆服务总量和密度在一定程度上影响着读者参加阅读活动的积极性。按照营销理论，要不断降低服务成本。图书馆馆均服务人口数越多，意味着公共图书馆服务密度越大，单个读者享受公共文化服务的质量越低。

吴建中在《走向第三代图书馆》中提出第三代图书馆的概念。他谈到第一代和第二代图书馆都是围绕"书"展开的，第一代图书馆是"藏书中心"，第二代图书馆是开放图书馆。随着信息化的发展，图书馆的发展已经超越了书和传统图书馆，它是"注重人的需求""注重可接近性""注重开放性""注重生态环境""注重资源融合"的第三代图书馆。[①] 为了提升公共图书馆阅读推广效能，阅读推广联盟成为我国很多地区促进资源共建共享、增强阅读推广辐射能力的重要模式。公共图书馆联盟模式即多元阅读推广主体的融合，主要是指两个或两个以上的公共图书馆为实现信息资源共建共享，提升服务质量，基于公共图书馆自身资源，借助现代化技术和泛在化的信息资源，以图书馆实体为主要依托，通过对图书馆资源、设备、服务等进一步发掘、整合和重构，建构优势互补的集成化公共图书馆阅读推广服务体系，是用户在最小的时间单元里用最小的成本利用到最需要的资源和服务的一种服务理念和模式，为公众提供更深层次、个性化的服务。

2. 公共图书馆阅读推广联盟运行机制

联盟是涉及众多的主体错综复杂和微妙关系的系统，其运行机制受到主体间关系和分工、外部环境、工具、规则等多方面的影响。"联盟是通过不

---

① 吴建中.走向第三代图书馆［J］.图书馆杂志，2016（6）:4-9.

同图书馆之间的相互影响和相互作用，衍生出新的力量，从而生成新的功能。其运行机制并非简单的不同图书馆的功能相加。"作为经济运行机制的子系统，图书馆联盟是一个复合系统，联盟及联盟内的人都不能脱离社会经济环境而生存。联盟由很多子系统组成，为了处理好各子系统之间的关系而设计了各种运行机制。

公共图书馆联盟的阅读推广创新模式，与政府职能的转变、公共图书馆阅读推广服务方式转变以及公众文化需求的转变有着本质的联系。笔者此处研究的主要是省级公共图书馆联盟模式。在相关政府部门的指导下，省级公共图书馆作为联盟的中心馆起到了引领带头作用，地市级公共图书馆作为成员馆抱团取暖，共同寻找全省公共图书馆抱团做大做强的阅读推广模式。由于各级公共图书馆之间没有直接的管理关系，为保障公共图书馆联盟模式的正常运行，关键要在建立和完善科学的、充满生机活力的内部运行机制上下功夫。具体包括决策机制、联动机制、激励机制、流动机制。

第一，决策机制是促进公共图书馆联盟有效运转的重要因素。科学合理的决策机制是"实现联盟决策的科学化，行为的合理化，促进联盟高效运转，提高整体效益"的基础。构建科学决策机制，需要确定权利关系、确定好责权利，并制定科学有效的保障体系。

基于我国现有公共图书馆管理体系特征，在建立阅读推广联盟决策机制时，一方面要转变管理机构职能，另一方面要提升执行机构作用。首先建立统一的决策权，提升决策效率。这就需要联盟形成整体决策机制，由联盟决策部门对阅读推广联盟总体构想、运行机制、协作平台与技术设计等进行总体规划，明确工作方向，统筹协调各部门。联盟决策部门需要由省级文化主管部门牵头，对地方各级文化部门行使管理权。长江读书节在成立之初便确立了以省委宣传部以及省文化和旅游厅为指导，以文化和旅游厅厅长为组长，各地级市文化和旅游局局长为成员的长江读书节指导委员会，负责长江读书节工作指导，并提供财政、政策支持，但是不直接参与日常运行的管理。由于不同层级公共图书馆之间没有直接的管理权，在联盟日常运作中，需要推选单独的联盟范围内的阅读推广委员，来负责具体决策的制定，负责联盟各项事务的具体管理，其行为对联盟的管理部门负责。

第二，联动机制是图书馆联盟解决组织冲突的一种有效方法。该机制主要侧重于图书馆间的联合，而不是单打独斗。协调机制的主要作用是解决在阅读推广活动中成员馆之间潜在的矛盾和冲突，从而在联盟馆之间搭建起一座交流和沟通的桥梁，来实现资源的整合和共建共享，在一定程度上可以节约成本，提高效率，不仅有利于扩大服务的规模和范围，更有利于将优势扩大化，提高服务的质量。当前互联网为图书馆阅读推广联盟成员馆之间进行平行、双向的信息交流和组织行为的调节与协同，提供技术和平台支持，让区域间图书馆之间信息对接更加顺畅，资源共享更加便捷。长江读书节设立办公室，负责活动期间各项事务的沟通和对接。全省百家公共图书馆分别确定联络人，主要负责联盟日常工作和实施落实各项方案的执行、阅读推广项目开展、考核评估、协调交流、平台维护等具体工作，成员馆以总体方案为指导，通过上级总体指导、平级部门相互融合合作，建立相互协作的联盟联动机制，创新阅读推广模式。

第三，激励机制是联盟有效运转的强大动力。阅读推广联盟是一个复杂的运行体系，其运行主要是建立在契约及信任的基础上，因此挖掘各联盟主体的潜能至关重要，这不是政府决策可以完全实现的，需要在满足成员需要的基础上加以激发，即激励机制。图书馆联盟的激励方式主要是将外部激励转化为内部激励，通过引导成员馆之间的个体需要走向更高的层次，不断增强其对联盟的凝聚力、向心力。奖励可以是物质，但更多的是荣誉。如长江读书节与湖北电视台公共新闻频道联合创办的《领读者说》专栏，会针对活动开展比较好的图书馆进行专题报道。又如针对武汉图书馆名家讲堂、武汉市少年儿童图书馆千字屋、宜昌市图书馆数字阅读推广分别开展报道。一方面，通过宣传，激发图书馆的个人满足感，从而增强其对组织的忠诚感、认同感和凝聚力、向心力。另一方面，将优秀的阅读推广模式推广给联盟内其他成员馆，在业务交流的同时，刺激其更好地开展联盟活动。

第四，流动机制。该机制将重点放在了资源及服务的流通上，有利于提高资源的使用率，打破社会隔阂，缓解社会矛盾。资源的流动在不断提升质量的同时，也要在精准化上不断着力。2019年，长江读书节在传统的"送书下乡"和汽车图书馆送文化下乡活动的基础上，创新服务形式，开展"点单式"送文化活动，即将湖北省图书馆的优质专家、阅读推广人等优质资源进行分类汇总，制作阅读推广服务"菜单"，并通过QQ平台公布，联盟内各成员馆根据自身需求，通过QQ平台向长江读书节"点菜"，通过长江读书节办公室的对接，将专家资源和创新活动送到基层。"点单式"解决了漫灌式送文化模式，进一步完善了成员馆之间的供需对接，让资源的流动更加精准化。

3. 新媒体图书馆联盟的创新点

新媒体阅读推广联盟创新主要体现在以下方面：一是在组织机构管理方面，理顺了行政体系中上下层级关系，整合各级公共图书馆的阅读推广资源。

在联盟的管理模式上，不断增强公共图书馆的主体地位——拥有独立人权、事权和财权，解决了不同公共图书馆之间没有管理职权和公共图书馆在阅读推广中的主体地位二者之间的矛盾，形成全省公共图书馆抱团做大做强的路径。二是理顺了同级行政部门和公共图书馆之间的关系，打破了地域壁垒，畅通了地区之间的资源整合、流通和优势互补，尽可能避免职责交叉重叠的现象，实现分工明确、无缝协作，实现阅读推广服务的共建共享。通过优势资源对弱势资源的带动和引领作用，促进公共图书馆的均衡有序发展，形成1+1＞2的规模效应，提升公共图书馆阅读推广服务的效能。同时，统一的规划部署可以很好地把控意识形态安全。①

（二）跨界合作阅读推广服务模式

治理的主要理念就是兼顾优化政府职能和加强社会团体合作，它更注重于综合各种方法，帮助个人和团体、公私部门共同管理公共事务。在这个过程中存在着不同体制、不同领域、不同行业的合作，即跨界。跨界是指两个及两个以上不同行业或领域间的合作。其含义多引申为："跨越两个或多个不同领域、不同行业、不同文化、不同意识形态等范畴而产生的一个新行业、新领域、新模式、新风格等。"新媒体的不断发展模糊了行业界限，加强了行业间的融合、吸收和知识的转移，让跨界成为顺应社会和经济发展的需要。跨界合作阅读推广模式主要是公共图书馆以读者需求为驱动，以新一代移动互联网信息技术为支撑，将图书馆与其他行业或机构连接起来，通过不同主体间的资源、技术和管理等要素的融合渗透，构建公共图书馆阅读推广服务网络，从而为用户提供更加高质量服务的目标。

① 黄葵.智慧图书馆视角下的阅读推广研究［M］，天津：天津科学技术出版社，2019.

社会力量为文化事业单位职能提供了有益补充，注入了新的活力。近年来，国家出台了一系列政策、法律，鼓励社会力量参与公共文化服务，为跨界合作的阅读推广模式提供了重要的政策支撑。公共图书馆作为公共文化体系的重要组成部分，应当积极寻求社会力量合作以提升服务效能。馆社结合成为图书馆界热点话题。

跨界合作就是通过构建多元主体、多元平台和多元服务的网络化体系，运用整体性治理模式，协调政府与社会、市场之间的关系，构建"图书馆＋"模式，从而不断优化公共事务治理结构。新媒体背景下阅读推广的跨界合作主体是公共图书馆同政府部门、企业、社会组织和公民等。其合作主要模式是运用互联网新思维和新技术，发挥不同主体的资源优势，通过文化资源整合、供给要素丰富、供给体系完善、供给形式重构等，解决读者与阅读推广主体之间供需信息失配、供给效率不高等问题，促进公共服务供给的转型升级，实现公共服务供给标准化、差异化和高效化。如何发挥公共图书馆的主体地位，通过阅读推广规划和顶层设计，从微观上协调社会力量整体发力，针对阅读行为提供资源、服务、场地、技术、平台、宣传等促进要素的合作生态圈成为亟待解决的问题。

通过多元协作式的模式可以有效缩减政府规模，减少行政开支。更加有利于政社良性互动，从而达成有限政府目标，提升公共文化服务效能。但是，在跨界合作过程中，由于不同主体间的目标和价值追求的差异性，需要协调好不同主体间的权责关系，促进多元主体融合阅读推广生态圈的健康有序发展。随着信息技术的不断发展，互联网平台使各主体间信息对接和调用更加方便快捷。笔者主要从跨越产业边界的资源合作、跨越学科边界的领域合作以及跨越主客边界的拓展合作三方面探讨跨界合作阅读推广模式的主要合作形式。

1. 跨越产业边界的资源合作

跨越产业边界的资源合作能够有效优化资源配置。它是当前全球范围科技创新的主要方向，也是实现创新理论的重点研究对象。以奥斯特罗姆为代表的新公共管理者提出"多中心"治理模式，主张在公共服务中引入市场机制，将公共产品的提供者和生产者区分开。在跨界合作关系建立时，首先是寻找合作方共同的目标。其次是在合作中，不断寻求不同合作方的利益平衡点，构建双赢的长效合作机制，促进合作关系的稳定化。资源合作最主要的方式是民主协商。民主协商的根本宗旨是参与主体的平等、有序，它是在充分尊重不同主体利益的基础上，达成关于资源交换、合作和提供便捷服务的一致共识。民主协商一方面能激发不同合作主体的能动性和创造性，进而提升其参与基层公共文化服务的积极性，另一方面通过共建共享提升资源利用率。其合作模式主要有以下几种：一是交换资源，即通过新媒体技术串联起公共图书馆和其他文化主体的资源，通过资源的共建共享让更多读者享用文化资源，提升资源利用率。二是互通信息，通过同其他利益相关社会机构达成协议交换供需信息，从而共同满足对象人群的个性化需求。当前我国公共图书馆跨界合作运用较为成功的案例是跟实体书店合作的"你读书，我买单"案例，为了最广泛推广这一共同的对象，由读者选书，公共图书馆买单，新华书店供货。公共图书馆和实体书店协商达成共识，公共图书馆可以精准地为读者提供图书资源，书店能有效找到消费者获得盈利，读者可以免费享用到自己需要的文化资源。内蒙古自治区图书馆"彩云服务"、浙江图书馆"U

书快借"、青岛市南区图书馆"云阅系统"、铜陵市图书馆"你读书、我买单"专用管理系统、佛山市图书馆"知识超市"等合作模式是图书馆界的成功运用。三是合作共建，实现公共文化资源的优势互补。合作共建最常用的模式一是图书馆提供平台，合作方提供人员和场地，共同构建文化资源。读者通过共建平台可以实现在线借阅服务，也可以通过平台了解图书馆相关资讯，参与图书馆活动。将图书馆资源或活动安排在公众身边，打通了公众者和图书馆"最后一公里"距离，是新媒体时代图书馆全新的服务举措。模式二是由图书馆提供场地，合作方提供人员和资源，将更多优势资源引入图书馆，通过合作或者图书馆买单的方式，让公众能够享受更加优势资源的同时，也提升了图书馆服务效能。

长江读书节于2018年启动"百场讲书读荆楚"系列活动，活动由湖北省图书馆和湖北省新华书店联合举办。以开展"十佳荆楚图书"评选活动为中心，创新荐读、导读图书形式，整合图书、书店优势资源，充分利用社会力量，为作者、读者、学者、领读者搭建一个相互交流与相互影响的互动平台。

在以上案例中，湖北省图书馆首先选择跟湖北省新华书店合作，二者有着共同的目标，引导更多读者开展阅读。在资源优势方面，公共图书馆有优质的专家资源和坚实的读者基础，而新华书店跟出版社、作者有着紧密的联系。通过双方的优势互补，打通图书的销售和阅读通道。其次通过聘任全省不同领域读书人为"讲书人"，和图书馆合作，迅速扩大阅读推广队伍建设，提升多元参与的形式丰富的阅读推广活动的活力。为了更好地融合社会力量，增强社会力量参与阅读推广活动的内生动力，通过资源、平台、评奖等多方面行动给予讲书人支持。一是全省百家图书馆和各新华书店门店为领读者队伍提供阅读资源、活动场地等线下活动支持，保障居民便捷地参加各种主题特色阅读活动。二是通过在荆楚网开设栏目，在微信开设公众号建设移动工作平台，在用户数量超过千万的新媒体平台开设直播、发微博等，创新阅读推广的形式和活动内容，提升图书馆阅读推广效能。三是通过举办全省"十佳荆楚图书"评选活动，激励领读者参与到阅读推广活动中来。同时也通过典型示范作用，为全省讲书人提供可复制的阅读推广路径。

2. 跨越学科边界的领域合作

阅读推广根植于文化的沃土，阅读推广活动可以同不同学科元素融合。一切学科都可以作为阅读推广者的利器加以运用来丰富阅读推广活动。跨学科合作是在确立阅读中心地位的基础上，将不同的学科融入活动中。

长江读书节 2017 年开始开展"当音乐遇上阅读"系列活动。一是联合武汉市少儿图书馆开展"绘本越来越精彩"系列活动，通过融入小读者喜闻乐见的乐队演出形式，提升阅读推广活动的吸引力。二是跟湖北省群众艺术馆合作开展"当音乐遇上诗词"活动，将传统的吟唱艺术和阅读推广相结合，创新阅读推广形式。三是开展演诵大赛活动，通过加入表演等形式，提升公众参与阅读推广活动的积极性。

第一，细分群体，精准选择跨界对象。跨学科合作的目的是丰富阅读推广活动的呈现形式，从而提升公众的参与热情。在跨界融入形式时，要认真调研、分析不同群体的兴趣爱好和阅读特点，有的放矢地选择跨界对象。如在"当音乐遇上阅读"系列活动策划中，细分不同群体，融合不同的艺术形式。针对少儿绘本故事会活动，考虑到少儿群体注意力差，所以在活动中会穿插很多互动环节。同时，选择现场演奏的形式，可以配合故事会节奏来融入音乐，实现音乐与阅读活动的更好融合。针对古诗词活动，搭配了经典的吟唱艺术，二者相互融合，互为补充。

第二，巧妙融入，确保阅读推广主体地位。学科跨界的目的主要是通过更加丰富的形式来提升阅读推广活动的吸引力，落脚点还是推广阅读。在活动设计上始终确定阅读推广的主体地位，而不是一味追求热闹，迎合大众品位，偏离活动初衷。活动以阅读活动的策划为主题，融入音乐时，配合阅读推广节奏的要求。

第三，举办大赛，引导公众为跨界合作助力。在公共图书馆提供阅读推广服务的过程中，公众也是参与者之一。集合广泛的公众力量参与阅读推广服务的创新，可以不断壮大阅读推广服务队伍，提升公共文化服务的内生动力。构建激励机制，通过大赛评比的形式，刺激更多公众参与到阅读推广服务创新队伍中来，带来更多活力。同时在评比中产生的优秀作品也成为引导公众参与创新的重要资源，起到很好的示范作用。

3. 跨越主客边界的拓展合作

阅读意识培养过程，实际上是将阅读由意识向个体行为内化的过程。而阅读推广活动就是阅读推广主体在阅读意识向阅读行为转换的过程中，为客体提供"催化剂"，引导其养成阅读习惯。在新媒体和新技术环境下，黄冬霞等人提出，"阅读推广的主体可以是文化部门，也可以是读者本身"。公共图书馆应根据自身发展需求，发挥主体作用，积极争取社会力量的帮助，通过组织长期有效的推广活动开通社会参与的通道，培育爱读书、乐分享的读者为阅读推广人，寻求阅读推广队伍建设新的生长点。公共图书馆需要从以下方面创新，加快培育读者为阅读推广人：第一，创新服务理念，变直接服务为间接服务。为读者提供有效线上线下服务平台。鼓励和引导不同年龄、不同领域、不同层次热爱阅读的热心人士积极加入公共图书馆阅读推广队伍。公共图书馆可以通过采取线上和线下招募方式吸纳优秀志愿者加入阅读推广服务队伍，通过文化志愿者、领读者、讲书人等建立人才资源库。第二，以"图书馆+"作为发展契机，充分调动各行各业参与图书馆活动的积极性。通过跨界合作形式，实现互利共赢，不断丰富阅读推广形式。根据阅读推广主体的不同特征，笔者将根据社会力量跟公共图书馆的融合案例进行分析。

　　长江读书节2017年启动的领读者行动计划，正是湖北省图书馆凝聚社会力量，通过多元主体融合开展阅读推广活动的一次尝试。该项目着力于图书馆聘任读书人为"领读者"，让越来越多的读书人加入阅读推广志愿服务中，迅速扩大了阅读推广队伍建设。

　　主要采取的路径包括以下方面：一是资源支持。通过全省百家图书馆为领读者队伍提供阅读资源、活动场地等线下活动支持，保障居民便捷地参加各种主题特色阅读活动。二是平台支持。在传统媒体方面，在湖北电视台开设电视栏目《领读者说》；在新媒体方面，在微信开设公众号建设移动工作平台，在用户数量超过千万的新媒体平台开设直播、发微博等，创新阅读推广的形式和活动内容，提升图书馆阅读推广效能。

　　长江读书节开展的"领读者行动"是通过凝聚读书人个体，建立相同阅读倾向的读书圈子来增强读书人的荣誉感、责任感和使命感，最终形成一种"手拉手，让阅读成为习惯"的常态。这种社群化的思维将有共同爱好和兴趣的读书人聚集在了一起，推动了领读者队伍的壮大和蓬勃发展，并衍生出每支领读者队伍不同的风格和特点，使全省的阅读风貌呈现出百花齐放的状态。

长江读书节希望以读者需求为中心，在政府的主导下，充分发挥公共图书馆的主体作用，通过领读者的社群化管理，发挥协同主体作用，不断壮大阅读推广团队，延伸服务半径。而因为有政府这一中心的引导作用，每一个行动主体也遵循着读者中心这一原则，在各自的轨道有序行进，从而帮助我们的阅读推广主体队伍越来越壮大。

综合已有的研究，笔者认为，新媒体时代的阅读推广服务创新，应该是变革性的创新。阅读推广服务主体不再仅仅局限于图书馆工作人员或者是文化行业工作者的单打独斗，而是包含政府、企业、社会组织、个体等在内的社会多主体，基于共同的利益，利用新媒体思维和技术，通过业内联盟实现资源整合、通过跨界合作实现优势资源互补、通过职能转变延伸供给主体，从而从主体层面促进了公共文化服务供给的转型和升级，解决公共文化供给过程中供需信息失衡、供给效率低下等问题，实现公共文化服务便利化、精准化、均等化目标。同时，由公共部门指导，能够对分散的企业、社会组织和个体进行管理，保障开展阅读推广活动的正确导向性。

二、新型平台化阅读推广模式

基于新媒体的图书馆智慧化阅读推广平台根据其属性可以分成两种。一是自建型阅读推广平台，包括移动 APP、数字图书馆和实体公共图书馆。二是社会合作新型平台，即基于当前新技术衍生出来的拓展平台，包含微博、微信等新媒体平台等。当前，以自建型阅读推广平台为基础，以新型阅读推广平台为重要补充，全面推进公共图书馆的阅读推广活动，有助于提升阅读推广的参与度。不同平台合作应用方式可以分为两大类：一是公共服务供给，

"线上""线下"联合供给并通过分析挖掘消费者潜在公共需求供给新公共服务，称为 O2O 模式；二是在公共服务领域，互联网作为重要的生产供给工具嵌入公共服务供给中，称为移动图书馆模式。

（一）移动图书馆阅读推广模式

第一，从公众阅读习惯来看，"2023 年我国成年国民人均纸质图书阅读量为 4.75 本、电子书阅读量为 3.40 本，手机和互联网成为国民每天接触媒介的主体，纸质书、报纸、期刊的阅读时长均有所减少"[①]。通过电脑、手机、电子阅读器等方式开展阅读的人数和时长均在持续增长。第二，从公共图书馆服务特点来看，时间、空间、交通、阅读意识等因素，导致公众到公共图书馆享受文化资源有一定局限性，便宜性不高，公共文化资源仅仅是被部分人群使用，利用率难以得到提升。在这个背景下，通过移动平台以无线接入的方式让读者可以随时随地享受文化资源。

1. 打造数字平台，满足碎片化阅读需求

移动图书馆是指通过智能手机、Kindle、iPad、MP3/MP4、PSP 等移动终端设备（手持设备）访问图书馆资源进行阅读和业务查询的一种服务方式。数字化内容是移动图书馆的推广目的，它通过不同平台的整合，打破内容的瓶颈，随时随地提供阅读资源，让阅读无所不在。肖希明等指出公共数字文化资源整合平台是资源整合项目建设的最终实践成果，是解决公共数字文化资源共享问题的主要途径。因此移动图书馆服务应该是未来数字图书馆阅读推广的主要阵地。在新媒体背景下，搭建新型阅读推广平台，传统基础设施建设是基础，而且应大力推动以云计算、大数据为基础设施的"云"，以物

---

① 资料出自《第二十一次全国国民阅读调查报告》。

联网、互联网、车联网为基础的"网"，以移动设备、个人电脑、传感器等为基础的"端"。

长江读书节结合现代网络与新媒体技术，全面推出"网络＋微信＋APP"三合一方式，打造人与书、人与全媒体多形式、多途径的阅读新格局。打造"好书共读"栏目，定期精选 100 本好书上传到平台。除了提供百本好书的电子书资源，还配套提供听书功能，并将图书馆跟图书相关的讲座、电影等上传到平台，融视、听、读为一体，让读者享受全方位、立体化的阅读体验。开通书评功能，读者在阅读完以后可以组队写书评，通过互联网串联起千万网友，让大家以书会友，采用全方位的阅读模式吸引读者，活动受到网友的广泛关注。

第一，活动在服务供给方面，实现精准对接。充分遵循公共服务"读者中心"原则，顺应读者碎片化阅读特点，打造数字化平台资源，为读者提供全方位的阅读体验，让读者随时随地享受阅读成果，降低读者阅读成本，提升公共文化服务效能。

第二，服务模式上，打破地域障碍，解决部分图书馆资源和经费不足的问题。因为省级公共图书馆运行经费相对充足、资源相对丰富，由其提供资金和资源，打造供全省公共图书馆公共使用的数字平台和活动展示平台，弥补部分公共图书馆资源不足的问题。

第三，活动展示，实现各级公共图书馆的良性竞争。通过资源共享和不同公共图书馆活动报道作为典型示范，为基层图书馆提供交流学习平台，为基层图书馆打造可复制的新型阅读推广模式。

2. 优选数字资源，激励读者精细化阅读

公众的文化需求随着新媒体的不断发展，也发生着巨大改变，不同于以往单一的文献资源需求，更多的是多元化、专业化和个性化信息需求。新媒体时代，图书馆要在发挥自身优势的基础上，顺应读者阅读习惯的变迁，运用移动平台，打造公共数字文化阅读空间。积极利用移动技术从细微处入手，以优秀技术为支持，以人文关怀为核心，不断拓展平台功能，打造新型移动阅读平台。利用移动终端大数据功能整合文献资源，对其进行排序和细分，聚合同类信息，根据读者喜好主动推送给读者。及时搜集读者尚未满足的需求和新产生的信息需求倾向，利用一定方式的激励机制，促进读者的深度阅读，提升读者阅读水平。

2018 年湖北省图书馆举办"鄂图 E 海悦读"系列数字阅读推广活动，培养和推动社会的数字读书氛围。活动充分利用图书馆信息资源，尤其是电子资源，向读者推送经典美文，丰富读者阅读体验。从 4 月开始至 9 月，每月通过掌上鄂图 APP、微信、领读者平台推送 5 本电子图书，读者可选择感兴趣的书，在图书馆微信、APP 或馆内电子借阅屏扫码阅读，将自己的读书感悟、图书评论发送至指定邮箱。10 月对符合要求的作品进行评选，颁发奖品，优秀作品入册结集。

在服务供给方面，以读者为中心并非一味地迎合读者。阅读推广的最终目标是引导公众阅读。一是充分体现公共图书馆的荐读作用，在电子图书的选择上每月精选 5 本电子图书。二是满足公众个性化阅读需求。给予读者一定的自主选择权，读者可根据个人喜好选择阅读。在服务媒介上，最大化地给读者带来优惠，降低读者阅读成本，既可以在图书馆现场扫码开展阅读，也可以通过微信等平台随时随地阅读推荐书目。在激励机制上，通过评奖和入册结集两方面的激励机制，刺激公众开展深度阅读，不断提升阅读推广活动效能。

（二）O2O 阅读推广模式

在电子商务领域，O2O 代表着 Online To Offline，即从线上到线下，O2O 的实质是信息和价值的双向传递，既实现商家的利益，又满足消费者的需要，达成共赢的局面。实现 O2O 模式，其实就是把虚拟网络中线上的消费者、隐性的消费者吸引到现实的店铺中来，借助线上的平台，消费者有更多的选择、更多的需求，而借助线上平台，商家能吸引更多的客户，产生更大的利益。图书馆对阅读推广服务的研究目的是吸引更多的读者走进图书馆，借助线上平台，给读者提供更多的便利、更详细全面的信息，读者可以根据自己的需求选择服务，图书馆也可以通过统计读者的需求信息，提供给读者更直接周到的服务。

1.O2O + 借阅服务

O2O 借阅是图书馆搭建线上借阅平台，在 PC 端或移动端（微信、支付宝等）向用户开放使用的服务模式。其核心是在线上揭示图书馆馆藏信息，支持用户在线选书、下单和在线支付邮费，送书上门，最后线上或线下还书。其目的是通过创新服务模式，一方面节约用户来图书馆的时间和交通成本，另一方面吸引用户关注图书馆和图书馆推送的各类阅读活动与馆藏信息，引导用户享受实体图书馆服务，最终培育用户的阅读习惯，激发用户的阅读自主意识。"扫码看书，百城共读"活动便是图书馆界的一次有效探索。中国图书馆学会打造的这项新媒体环境下智慧服务，降低服务门槛，满足不同读者的阅读体验。长江读书节期间，这项活动受到了全省各级公共图书馆的青睐。长江读书节活动也积极探索利用新媒体，创新借阅类推广活动的模式。

2016 年，长江读书节以资源为载体，新技术为媒介，在借鉴各地经验的基础上，结合网络和新媒体技术，通过开设漂流点和网上流转两种方式，实现优质图书资源的输送和自主管理。在长江读书节网页、微信和图书馆 APP 三合一平台，制定简便易操作的活动流程。根据精细化阅读推广服务原则，读者注册了省图书馆官网或微信后，只需用手机扫描图书芯片，就可完成借阅功能。活动选择了人流比较密集的社区、小学和企业读书会作为流通点，有针对性地选择图书供大家线下阅读。

在资源供给方面，从满足读者需求出发，大大降低了读者的借阅时间和交通成本，让读者足不出户就可以享受阅读资源，解决了边远地区公共文化资源不足的问题，为读者借阅提供便利。在供需对接方面，图书馆能够利用在推广阅读过程中的互动和交流增进读者对图书馆阅读服务的了解，也通过读者的借阅轨迹，了解不同读者的需求，实现以阅读为中心的互动和交流，为图书馆更好地给读者提供个性化服务提供条件。活动效能方面，为用户提供交流阅读的空间，通过图书的"求漂"和"转借"，用户在交流阅读的过程中能快速识别兴趣相投或者是对自己阅读有所帮助的用户，建立阅读社群，实现持续深入的阅读交流。通过社群化模式不断提升读者的阅读兴趣，提高公共图书馆服务效能。

2. O2O + 阅读推广

基于 O2O 模式，我国公共图书馆的服务不断深入和拓展，针对用户需求，通过线上平台的推广与互动，筛选线下文献资源与活动，使文献资源价值得到合理有效的利用与挖掘。通过在线上以音、视频片段的形式分享图书，从而吸引读者在线下精读图书。也可以通过"线上推荐，线下参与"，在官方平台分享书单或者发布活动预告及报名信息，线下邀请名人、专家和学者分享阅读经验，将线上互动和传统阅读经验推广融合在一起。同时将"线上直播、点播，线下参与"相结合，即线下开展活动，线上通过直播平台进行直播，通过线上线下互动形式打造立体化的阅读推广模式。

2015 年，湖北省少年儿童图书馆开始开展"书海寻宝"活动，策划人员根据少儿阅读书目选择部分书单。在"湖北省图书馆"微信公众号和少儿活动 QQ 群内发布活动预告，读者可通过预约报名参与活动。参与活动方式为：活动当天凭报名手机号在工作人员处领取书单，自主查询搜索书号并在书架上找到图书，找到图书后跟图书合影并领取礼品。

利用这种线上到线下的模式来辅助阅读推广，可以预计的效果有以下方面。首先，供需对接方面，便于读者信息的数据统计，根据读者线上预约和意见反馈，图书馆馆员将更有针对性地进行阅读推广，避免资源浪费。其次，活动方式方面，可以加强书籍的推广力度。传统图书馆每年花费大量经费在采购图书上，而图书的借阅率偏低导致资源浪费，多数原因在于宣传力度不够，结合线上推广、线下活动的形式可以让信息更快更准确地传递到目标人群中，提高新书新刊的借阅率。最后，服务效能方面，让读者学会利用图书馆借阅书籍，提升利用图书馆的能力。总的来说，将 O2O 模式合理地应用到传统的阅读推广中，在资源利用率、读者满意度以及服务质量方面都会有很大的提升。但是活动还存在不足的地方，小读者在找到书后建议通过亲子阅读、分享阅读心得、开展阅读打卡等形式，完成图书阅读，进一步提升阅读推广效果。

3.O2O + 社群构建

交流和互动是新媒体促进图书馆阅读推广持续进行的重要机制。运用新媒体，公众可以轻松和其他用户建立交流和互动，同时精准快速地获取对方的信息内容，建立长久的交流互动。通过线上交流和互动，不断完善信息，形成了更大范围的信息传播。图书馆阅读推广通过这种互动细分读者群体，有利于因人而异更加精准化地为不同群体提供阅读推广服务。当公众对图书馆的信息内容产生兴趣之后，他们会更容易接受图书馆推荐内容或参与图书馆阅读推广活动，图书馆通过不断提升用户满意度，建立同公众之间的交流、互动，从而促进公众高效接收图书馆信息，并通过他们将信息分享、传播给更多有相同需求的用户，促进阅读推广的持续性。

长江读书节 2017 年启动领读者行动计划，通过凝聚社会力量，构建阅读社群的形式开展阅读推广活动，活动创建长江读书节领读者平台，通过在线平台的交流和互动，实现社群中人员的相互影响，提升阅读推广活动效能。

第一，确定阅读社群的组织者。长江读书节领读者平台设置不同的领读者队伍，队长由领读者担任。领读者是最早跟公共图书馆交流和互动建立联系的群体，他们通过交流与互动对图书馆阅读推广服务有着极高的认同度，用户黏性高，同时图书馆也通过对他们前期参加阅读推广服务的观察，了解到他们的阅读喜好，加上他们在申报领读者时填写的个人领读者信息，对他们有了相对精准的定位，对这部分群体的阅读需求相对比较了解，也能很好地把握他们动态，保障意识形态安全。

第二，发展和壮大领读者队伍。领读者队伍成员的组成，一部分是领读者在线下活动和生活中结识的志同道合的人群，另一部分是通过领读者对队伍的定位和其在平台上发布的活动及感言吸引到的群体。大家都是因为阅读这一共同的目标组合在一起的，而且相对来说阅读喜好大致一致。公共图书馆可以以领读者为中心，细分群体，有的放矢地为不同群体推荐阅读书目，开展阅读活动，有利于阅读推广的精准化服务。

第三，建立激励机制。领读者队伍是由公众自发组织的社会组织，相对来说黏性较弱。长江读书节定期在平台上通过各种形式的共读、共评活动提升小组活跃度，并通过积分的排名形成不同领读者队伍之间的相互竞争，提升队伍成员的集体荣誉感，年底还会为表现比较优异的队伍的领读者颁发"十佳领读者"荣誉证书。一系列的激励措施可以不断提升队伍黏性，构建有序长效的社群化阅读推广生态圈，提升读者参与阅读推广活动的内生动力。

三、全媒体宣传型阅读推广模式

公共图书馆不断延伸服务主体、创新服务手段，最终目的是让更多的公众享受公共文化服务成果。公共图书馆除了通过自身的门户网站、微信公众号和 APP 进行服务推广以外，新媒体大环境下，通过营造良好的阅读氛围吸引更多公众参与到阅读推广活动中来，充分实现阅读推广的社会价值，是图书馆人的应有责任。

当前电视、广播、报纸、期刊、杂志和互联网传统媒体因其内容的严谨和深度契合公共图书馆推广阅读、引导阅读的主要宗旨，一直被作为其宣传和推广阅读地、主阵地。以长江读书节为例，每年固定在《中国文化报》《图书馆报》《湖北日报》《湖北新闻》《楚天都市报》等传统媒体设置专版，发布百余篇新闻报道，这些报道量一方面保持了长江读书节在公众面前出现的频率，另一方面持续输出其共建、共享、共读的理念。当前坚守传统媒体阵地面临着巨大挑战，一方面是由于新媒体的异军突起，抢占了传统媒体市场，另一方面是在新闻轰炸的时代，公众面临更多的选择，传统媒体内部竞争也很激烈。

随着信息技术的不断发展，包含微博、微信、直播、点播在内的新型媒体，又称为"第五媒体"或数字化媒体，如数字电视、网络媒体、移动端媒体、数字报纸杂志等媒体的快速发展，成为传统媒体的补充、完善和拓展。"数字化"和"互动性"是新媒体的基本特点。新媒体平台已成为公众必不可少的交流工具。

随着人们生活习惯的改变，公共图书馆的宣传推广工作面临的机遇与挑战也日益增大。根据社会化媒体营销的策略，笔者认为图书馆可以从以下方面思考利用社会化媒体推广阅读策略。第一，通过社会化媒体的宣传要深入读者聚集地，要和读者建立持续高效的对接。第二，利用社会化媒体推广阅读的目标是什么，想要达到一种什么样的效果。第三，选择哪些社会化媒体来推广阅读。第四，图书馆在社会化媒体中给读者留言和评论的权利或者开放一些控制权限是否必要。利用社会化媒体构建图书馆宣传推广新模式，打造图书馆服务品牌，为读者营造全新体验，实现图书馆跨越式发展是今后一段时间内图书馆宣传推广的重要工作。公共图书馆在利用新媒体宣传阅读推广活动中也进行了一系列尝试。笔者将从传统媒体新用、新媒体的运用两方面研究全媒体宣传型阅读推广模式。

（一）传统媒体创新应用

传统媒体主要优势是其内容更为严谨，更有深度，公共图书馆与传统媒体一直保持着良好的合作关系。公共图书馆借助传统媒体，既要进一步强化其优势，也要适应新的环境变化，不断创新形式。一是紧扣读者偏好，借助名人效应和时政热点开展活动。二是树立品牌意识，联合多元力量，形成规模效应。三是与新媒体融合，积极寻求创新。

1. 传统媒体宣传阅读推广创新模式主要形式

第一，借助品牌效应，扩大活动影响力。通过传统媒体推广阅读活动，需要名人与生俱来的强大社会效应推动与阅读推广相关的社会舆论，为图书馆阅读推广工作提供舆论保障。广州图书馆、武汉大学图书馆与当下流行的明星真人秀节目合作，因为节目本身的热度促进大众对图书馆的关注，从而人气急剧上升。但名人的选择需要深思熟虑，选择形象积极、热爱阅读、有文化底蕴的名人对于图书馆形象的建立更为有利。此外公共图书馆可以通过制作具备本馆特色或者当地文化特色的纪念物品，让阅读推广活动的品牌深入人心，增强图书馆的信息传递能力和形象影响力。

第二，联合多元力量，形成规模效应。运用新媒体思维，将零散、分散的新闻进行整合，通过统一的名称和标志反复曝光，提升媒体宣传效应。在图书馆界，各馆开展的活动有些极具特色，但大部分具有相似性，总的来说就是讲座、展览、文化演出、数字图书馆、汽车图书馆、放电影、送书下乡等。对于宣传来说，这些构成了图书馆业务主体的活动反而是宣传的难点所在。要想解决这一难题，除了在活动策划时深入挖掘宣传点，还可以在宣传策略上采取"抱团取暖"策略，造成"规模效应"。一场常规的阅读推广活动很难宣传出去，即使是有新闻报道，也很难让公众产生记忆点。但是作为公共图书馆来说大多数活动都属于此类。若策划在整个地区同步开展不同形式的活动，并进行整体报道，就能引起较好的社会效应。

第三，与新媒体融合，积极寻求创新。许多传统媒体在原有平台的基础上开发了与其相呼应的新媒体客户端。在原有的良好用户基础上，各公共图书馆将原有活动进行碎片化处理，充分利用新媒体，能够在较短的时间内获得较多的粉丝数量。如湖北广播电视台打造了湖北官方新闻政务客户端"长江云"，《楚天都市报》推出新媒体"看楚天"并尝试进行网络直播。2017年著名作曲家孟可做客湖北省图书馆，长江读书节与《楚天都市报》尝试进行直播，20分钟内吸引4000余人观看直播。由此可见，传统媒体的受众群体广泛，是各公共图书馆应当坚守的媒体阵地。

2. 传统媒体宣传阅读推广创新模式案例分析

2017年，长江读书节与湖北公共新闻频道合作开辟的《领读者说》栏目就是对以上三种形式创新的典型案例。活动的主要创新点表现在以下方面。

第一，用名人号召力提升栏目的影响力。栏目设置名家荐书板块，每周邀请一位社会名家，选择一本经典好书进行精华导读。名人自带流量的属性可以给节目带来更多的热度和宣传点，名人的权威性让其推荐的内容更容易被人信服。在名家的选择上，不拘泥于同一个领域，既要兼顾知名度，也要考虑其权威性，充分考虑不同人群的喜好，不断提升栏目的公信力和影响范围。

第二，用草根读书人的故事让公众产生共鸣。栏目设置领读者经验分享和公众阅读感悟两个板块。领读者经验分享板块通过深度挖掘身边优秀读书人的读书故事，榜样力量现身说法，起到典型示范作用；公众阅读感悟板块通过对广大公众的随机海采，让公众成为阅读推广主体，通过读者自治的形式，让社会大众产生共鸣，起到更好的推广效果。

第三，活动策划兼顾其效能和新闻点。通过名人力量集聚影响力之后，再通过亮点活动拓宽影响范围。例如，汽车图书馆活动作为公共图书馆的一项特色活动，一直是文化惠民，打通与公众"最后一公里"的重要活动手段。我省公共图书馆在"汽车图书馆"服务方面也取得了一系列成绩，但都是在各自区域内各自为政。为进一步擦亮"汽车图书馆"这一特色品牌，长江读书节配合该栏目策划了"全省汽车图书馆系列活动"，来自湖北省各地市县的 18 个汽车图书馆为读者提供参考咨询及图书借还服务，并联合举办"讲、阅、展、演"等系列活动。活动不仅在本地的湖北新闻、湖北日报、楚天都市报、武汉晚报等优质传统媒体上报道，人民日报、中国文化报、中国经济时报等国家级媒体也对活动广泛关注，此外，活动还作为优秀案例被广东、河北、山西、山东、浙江、河南等省作为优秀案例进行报道，据不完全统计，活动被报道和转载 68 次，在全国范围内产生了很好的舆论效应。

第四，新媒体传播进一步扩大辐射范围。传统的电视栏目形式由于受硬件条件和时间制约，在传播上还有一定的局限性。适应当前信息传播的新特点，节目在湖北电视台新媒体平台"长江云"上传播。同时，活动会定期剪辑节目精彩片段，在其新媒体平台"长江云"上传播。在传播方式上，不是简单的"新闻搬运"，而是选取精彩片段进行剪辑，一方面是适应新媒体读者碎片化阅读的特点，另一方面解决了传统电视栏目受时空和客观条件限制的局限性，同时也更受到各种新媒体平台青睐，更容易被转载和相互传播。

3. 传统媒体宣传阅读推广创新模式主要创新点

第一，以媒体为中介，促进公共图书馆和社会力量深度融合。转变推广观念，变"办文化"为"管文化"。将社会力量变成阅读推广的主体，在社会力量的选择上，既有社会名人的引领作用，也有优秀领读者的阅读故事，还有社会大众的读书感悟。通过社会力量自治的形式，为阅读推广提出新的思路，同时也激励更多的社会力量加入阅读推广队伍，不断提升阅读推广的服务效能。

第二，借助媒体力量，树立品牌营销理念。阅读推广是一项日常的公益性服务，目的是激励公众阅读。各公共图书馆每年组织丰富多彩的阅读活动，但是从效果看，推广力度不足，推广手段单一，没有形成长效推广机制，只是为了活动而宣传，这样的阅读推广工作当时精彩，其实不会对读者的阅读产生影响。在进行传统媒体阅读推广的时候，改变单个活动报道的理念，变为通过栏目，不断擦亮公共图书馆阅读活动品牌，让公众对公共图书馆阅读推广活动品牌有更深的认识。以此为契机，进一步激励公共图书馆建立长效机制，促进活动的系统性和日常化。

第三，新旧结合的传播方式，打破阅读推广的时空障碍。开展媒体宣传阅读推广模式的目标是让更多的人了解图书馆的阅读推广活动，并参与进来。因此要充分从公众角度出发，充分考虑更多人的阅读习惯和需求，融合更多媒体形式，给予公众更多的自主选择条件。

（二）新媒体技术应用

公共图书馆向社会大众推介图书馆，是利用不同媒介来将图书馆的资源和服务展现在大众面前，新媒体以其覆盖面广、更新速度快、阅读方便快捷见长。如关于第三届长江读书节启动仪式，新闻共计报道并转载 91 篇次，其中传统媒体上报道为 9 篇，新媒体转载量达到 82 篇。虽然我国大部分公共图书馆认识到利用全媒体宣传阅读推广活动的重要性，但部分形式简单，内容相似，少有创新。一方面个别新媒体在新闻报道中仍然是简单地照搬传统媒体素材，公文色彩浓厚，难以引起公众兴趣，不贴近民众心理，是"向上"汇报的格式，不能起到很好的宣传推广效果。另一方面目前个别图书馆对于新媒体技术的应用不够深入。当下微博和微信因为粉丝群体众多，被绝大多数图书馆青睐。笔者在搜索公共图书馆微信公众号时发现，很多图书馆仅限于推送本馆新闻动态且连续、互动性较差，少数图书馆集成了书目文献及数据库检索、超星或书生移动图书馆等新媒体应用。随着"互联网+"的不断深入，社交媒体因为其快捷、简洁、辐射面大等优势，被应用于阅读推广品牌推广。社会化媒体通过其影响力快速增强平台的影响力，有效地增强读者的阅读意识，促进读者的阅读行为，成为今后一段时间图书馆宣传推广的必然趋势。

目前，各级公共图书馆也就新媒体阅读推广模式展开了一系列探索。湖北省各级公共图书馆运用的新媒体形式主要是微博和微信。112家图书馆中，100家图书馆开通微信公众号，30家图书馆开通微博。武汉、鄂州、襄阳图书馆微信公众号粉丝量均比湖北省图书馆多，鄂州、襄阳图书馆在微信新媒体使用上更加灵活和丰富多彩，吸引了大量读者关注。其他图书馆微信公众平台具体粉丝数以及建设情况不够详细，且个别图书馆虽于近两年申请开通了微信公众平台，但运营建设情况还不够成熟和完善。

上述公共图书馆在运用社会化媒体开展阅读推广时，主要形式有导读、文化宣传和阅读活动报道等。社会媒体在公共图书馆阅读推广实践中比较普遍的作用是发布消息、图书馆知识的推广以及读者互动交流。少数图书馆会通过社会化媒体获取读者阅读习惯等信息。

1. 公众为主体的阅读推广形式

在阅读推广中，新媒体运作机制的核心是信息的生成和传播。在阅读推广的过程中，图书馆和公众都是信息内容的制造者。图书馆通过新媒体将内容推送给公众。公众根据推送内容的价值，通过点击"赞"或"喜欢"评价阅读推广服务；通过转载、分享表达自己的文化诉求和阅读倾向；通过加工推送内容，促进广泛传播。在新媒体平台，图书馆阅读推广的主体除了图书馆，还有活跃在新媒体上的用户。他们既是阅读推广的客体也是主体。他们的共同作用是以信息对接来实现阅读推广。

如第二届长江读书节时在新浪微博开展转发微博抽奖活动。活动主旨是领读者活动宣传，活动预热环节是 4 月 11 日发布微博，邀请读者转发微博并 @3 位好友，说出喜欢的一本书并分享理由。配图为湖北省图书馆照片及不同群体读者在省图阅读的照片。激励措施是抽奖，给获奖读者送礼品。

第一，选择粉丝较多，阅读量大的新媒体平台，扩大活动影响力。新浪微博受众相对较广，"新浪湖北"作为知名官方帐户粉丝量达数百万，每日图书馆读数达 100 万 +，传播效果相对较好。

第二，在时间选择上，活动选择在 4 月 11 日发布，正值第二届长江读书节开幕之前，为第二届长江读书节做好预热。

第三，在活动形式上，要求参与者说出自己喜欢的图书并 @3 位好友，说出理由即可参与抽奖。一方面，参与形式方便快捷，符合新媒体的特点；另一方面，通过跟好友的互动，有效推广图书，符合图书馆的服务宗旨。

第四，配图选取了省图书馆照片以及不同人群阅读的场景，以视觉的刺激进一步对图书馆阅读活动进行宣传。

第五，文章@湖北省图书馆微博账号，有效推广了官方微博。活动阅读量在当时达到了70余万，评论数540条，转发量达547条，起到了良好的推广效应。

活动的主要创新点表现在实现了阅读推广活动和新媒体的深度融合。活动既满足了公共图书馆阅读推广的需求，同时也通过公众分享喜爱的图书及理由，让图书馆对读者需求有了更好的了解，促进了图书馆和公众之间良性的供需对接，形式上也更能够被目标群体接受。活动设计上，还保留了公共图书馆公共文化推广服务的属性，配图极具书香气息，活动内容紧扣阅读主题，活动奖品为 Kindle 和纸质书，也极具文化气息。活动设计上一改以往单纯地在新媒体上发布新闻或者预告的形式，将活动直接放在新媒体上，公众可以直接通过在线平台参与活动。活动文案也一改公文色彩浓厚的文字，通过网络语言和文字形式，适应新媒体用户的习惯；参与形式也适应新媒体要求，通过评论、转发、点赞、@好友的形式，简单便捷，公众接受度高，提高了公众参与活动的黏性。

2.线上、线下互动的阅读推广形式

图书馆在明确利用新媒体推广阅读的目的之后，通过直播形式实现线上、线下互动。这一过程可以通过新媒体的信息推送功能实现，也可以通过在线展示平台实现。新媒体在这种运作形式下，能够在活动中跟读者产生更多的交流和互动，从而更加了解不同读者的需求。与此同时，这种运作形式还可以打破图书馆本身资源不足或者读者因地域及时间限制导致的无法参与活动的限制，实现图书馆、线下读者和线上读者三方之间的良性互动，促进阅读推广高质量的发展。

要实现阅读推广的多元融合，需要不断完善多种元素之间的协调机制，新媒体的发展正好为多元协调机制的构建提供了有利条件。协调机制即不同供给主体在阅读推广活动中的相互协调、合作、联合的集体行为，也是系统整体性、相关性的内在表现。协同创新是通过资源和要素的创新配置，不断打破主体间的壁垒，实现不同主体之间人、财、物和技术的深度合作。它是公共图书馆寻求优化配置资源和创新发展的主要发展方向，也是公共图书馆创新理论体系的重点研究对象。

新媒体技术对公共图书馆阅读推广优化服务内容，开展个性化内容推荐起到很好的联通作用。阅读推广服务实质上是一种定制用户阅读内容的服务方式，充分利用新媒体技术进行数据分析和信息抓取，可以很好协调公共图书馆服务和公众需求之间的关系，向用户推荐符合其阅读喜好的文献，从而达到精准化阅读推广目的。如图书馆结合热点事件在用户前端系统推荐热点文献；或者聚类推荐，图书馆对用户行为画像，根据用户以往借阅历史有的放矢地向其推荐"可能喜欢阅读的书籍"；又或者，图书馆通过用户间的交互轨迹，向用户推荐朋友圈中与之有好友关系的其他用户的阅读书目。还可以通过网上的积分奖励机制，与线下实体图书馆服务相结合，对用户实行相关的奖励机制，从而激发用户的阅读热情，同时也对用户的行为产生约束力，对服务保障起到了积极作用，从而实现公共服务产品价值的提升。

新媒体技术的应用一方面要满足公众的阅读需求，利用移动平台，为其提供必要的多元化、碎片化阅读资源，在提供阅读资源时，要充分发挥公共图书馆的引导作用，对资源进行甄选和整合。另一方面，要引导公众进行深度阅读。通过线上线下活动的形式，不断畅通公众阅读渠道，并通过丰富的线下阅读活动，激发公众阅读兴趣，激励公众参与阅读。同时，通过社群化管理模式，从政府管理到公民自治，通过公众自身的相互影响，促进阅读，扩大阅读推广辐射范围。

参考文献

［1］曹静.高校智慧图书馆建设与应用研究［M］.北京：中国商务出版社，2019.

［2］陈海燕.智慧图书馆生态与场景的构建研究［J］.江苏科技信息，2021，38（08）.

［3］陈荣端.浅谈我国城市智慧图书馆建设［J］.智能城市，2021，7（12）.

［4］陈远方.智慧图书馆知识服务延伸情境建构研究［D］.长春：吉林大学，2018.

［5］丁安，朱朝凤.智慧推荐系统模型构建研究——用户需求驱动下智慧图书馆服务模式［J］.图书馆学刊，2019，41（04）：117-121.

［6］杜洋，付瑶.图书馆"微媒体阅读推广"实践与探索——以沈阳师范大学图书馆为例［J］.图书情报工作，2017，61（06）.

［7］傅春平.公共图书馆智慧服务的探索与实践［M］.广州：世界图书出版广东有限公司，2020.

［8］黄葵.智慧图书馆视角下的阅读推广研究［M］.天津：天津科学技术出版社，2019.

［9］李琼.中外智慧图书馆的发展比较研究［D］.太原：山西大学，2018.

［10］李艳红.智慧图书馆优化服务策略研究［M］.长春：吉林文史出版社，2019.

［11］陆丽娜，王玉龙.智慧图书馆［M］.哈尔滨：东北林业大学出版社，2017.

［12］孟银涛.泛在环境下高校智慧图书馆研究［M］.北京：中国农业大学出版社，2018.

［13］秦健.基于信息可视化与数据挖掘的高校图书馆推荐系统的设计与实现［D］.北京：北京交通大学，2014.

［14］荣毅宁.互联网知识付费环境下图书馆知识服务模式创新［D］.太原：山西大学，2019.

［15］孙磊.基于社群信息学理论的图书馆服务发展研究［J］.河南图书馆学刊，2020，40（09）.

［16］孙瑞鹏，薛雨，李娜娜.图书馆党员智慧化管理平台的设计与实现［J］.数字通信世界，2018（06）.

［17］王志红.智慧图书馆建设与阅读推广研究［M］.哈尔滨：哈尔滨出版社，2021.

［18］吴朋有娣.智慧馆员能力评价体系研究［D］.长春：东北师范大学，2018.

［19］杨文建.情境感知与智慧图书馆服务重塑研究［J］.图书馆工作与研究，2021（07）：12-17，33.

［20］于志敏.智慧图书馆建设［M］.乌鲁木齐：新疆文化出版社，2020.

［21］张丽媛.数字出版机构与图书馆合作策略研究［D］.哈尔滨：黑龙江大学，2013.

［22］张清华.BIM、物联网、云计算技术在智慧图书馆建设中的应用研究［J］.智能建筑与智慧城市，2019（09）.

［23］赵发珍，杨新涯，张洁等.智慧图书馆系统支撑下的阅读推广模式与实践［J］.大学图书馆学报，2019，37（01）：75-81.

［24］朱白.数字图书馆推荐系统协同过滤算法改进及实证分析［J］.图书情报工作，2017，61（09）.

［25］朱纯琳.基于数据流动的图书馆智慧服务生态系统构建研究［J］.图书馆，2021（01）.